Bernd Junghans

ICH LEBTE OHNE DAS GESETZ

vivebam sine lege

Überlegungen zur Biografie des Paulus

Über dieses Buch

Während der Teilnahme an einem Seminar in der Universität Bieleld bei Herrn Professor Witulski über das frühe Christentum 2017 bemerkte ich Ungereimtheiten in der Darstellung der Person des Apostels Paulus, die mein Interesse weckten. Ich begann, mich mt der Materie intensiver zu befassen und fand scheinbar unüberbrückbare Gegensätze zwischen der Apostelgeschichte und den Briefen des Paulus. Besonders der Satz „vivebam sine lege - ich lebte ohne das Gesetz" blieb mir im Bewusstsein, und ich beschloß, eine Biografie ausschließlich aus den Briefen zu erstellen und die Apostelgeschichte komplett außer Acht zu lassen. So kam es zu diesem Versuch, Paulus aus der antiken Welt heraus zu verstehen.

Hier wird Paulus nicht aus einer theologischen, sondern aus einer historischen Sicht heraus betrachtet- und das Ergebnis ist durchaus anders als das bisher vorherrschende Paulusbild, das seit vielen Jahrhunderten präsentiert wird.

Bielefeld, im Juni 2018

Bernd Junghans

ICH LEBTE OHNE DAS GESETZ

vivebam sine lege

Überlegungen zur Biografie des Paulus

Herstellung und Verlag:

BoD- Books on Demand

Norderstedt © 2018

ISBN: 978-3-7528-0518-5

Titelbild.

Wandfresco aus Traian, Rumänien

Fotos von Bernd Junghans

Mein Dank gilt Dr. Hans von Fabeck für seine
hilfreiche und sachkundige Kritik, die mich
vor einigen sachlichlichen und logischen Fehlern
bewahrte.

INHALTSVERZEICHNIS

Über den Autor

Bernd Junghans

Jahrgang 1953

..

besuchte das Gymnasium in Meinerzhagen, anschliessend Ausbildung zum Buchdrucker,

danach Übersiedlung nach Bielefeld, dort als Pfleger in den von Bodelschwingschen Anstalten tätig.

Ab 1978 Westfalen-Kolleg mit Abitur, danach Studium Latein und Geschichte mit Schwerpunkt Antike,

2002 Übersiedlung nach Kappadokien/ Türkei

Dort arbeitete er an der Erforschung byzantinischer Höhlenkirchen, mit weiterer Spezialisierung auf die Geschichte des Christentums

Er betreibt als Administrator die Webseite www.kircheninkappadokien.de

Seit 2016 aus familiären Gründen zurück in Deutschland,

Forschungen zum romanischen Kirchenbau

EINLEITUNG

„Vivebam sine lege"...

Wenn Paulus hier davon spricht, dass er „ohne das Gesetz lebte", ist damit sicherlich, wie immer bei Paulus, nicht das römische, weltliche, sondern das jüdische, für alle gläubigen Juden gültige Gesetz gemeint. Ein erstaunlicher Satz - berichtet doch Lukas (oder genauer: der Verfasser der Apostelgeschichte, den wir hier weiterhin, der Tradition entsprechend, Lukas nennen werden), dass Paulus in der Diaspora, und zwar in Tarsus, als Sohn eines Pharisäers und somit eines Schriftgelehrten geboren wurde und aufwuchs....wie also sollte ihm das Gesetz fremd gewesen sein?

Es gibt wohl nur zwei Möglichkeiten: entweder die Aussage des Lukas ist nicht zutreffend – oder aber die Aussage des Paulus selbst muss angezweifelt werden bzw. in ihrer Bedeutung anders interpretiert werden. Für Theologen, die ja, befangen durch die Vorstellung, dass es sich bei Lukas um den Evangelisten handelt und deshalb der Wahrheitsgehalt seiner Aussagen kaum bezweifelt werden darf, ist der Zwiespalt zwischen dem Selbstzeugnis des Paulus und der Aussage des Lukas nur mit Hilfe der Linguistik zu lösen, indem man, einen pluralis majestatis postulierend, die Ansicht vertritt, dass es sich um eine allgemeine Aussage über das gesamte jüdische Volk handele.

Nimmt man hingegen Paulus wörtlich, so kommt man zu der Frage, ob und wie es möglich war, dass ein Jude ohne größere Kontakte zum jüdischen Gesetz aufwuchs. In der Tat gab es eine solche Möglichkeit, und der Schlüssel zum Verständnis der Biografie sowie der daraus resultierenden Theologie des Paulus könnte im römischen Adoptionsrecht liegen. Eine Adoption löste einen Adoptierten zwar rechtlich gesehen aus seiner Herkunftsfamilie, in anderer Hinsicht jedoch nicht. Darin unterschied sich die antike römische Adoption grundsätzlich von der uns bekannten Form – und war damit ein bedeutender Faktor in der Sozialgeschichte der antiken Welt.

Diese Interpretation würde darauf verweisen, dass Paulus zwar Jude, nicht aber Jude im vollen Sinne, jedenfalls nicht aus unserer heutigen Sicht, war.

Unsere These hingegen greift noch weiter aus.

Wir glauben und werden auch zeigen, dass Paulus nicht nur kein Jude war, sondern auch nicht aus Tarsus stammte, wie es Lukas in der Apostelgeschichte darlegt, sondern ganz andere Wurzeln hatte. Wir wollen den Menschen Paulus in den Vordergrund stellen, um ihn und seine Zerrissenheit zwischen den Welten und Identitäten besser verstehen zu können, seine Suche nach Zugehörigkeit und geistiger Heimat. Wir wollen verstehen, was diesen Mann umtrieb in seiner unerschütterlichen Beharrlichkeit, die ihn zum Vorbild so vieler seiner Zeitgenossen machte. Wir wollen zeigen, wie viel wahrscheinlicher es ist, dass er in früher Jugend (ab utero, von Geburt an, wie er selbst sagt) in Lohnsklaverei oder Adoption gegeben wurde, den Kontakt zur eigentlichen Familie aber nicht verlor, eine durchaus übliche Situation in der nachaugusteischen Zeit, und er sich, zerrissen zwischen zwei Identitäten, mit vollem Eifer dem Judentum zuwandte, gleichzeitig aber die römische Staatsbürgerschaft erwerben wollte, die Freiheit und eine andere rechtliche Stellung versprach, und deshalb hierzu ein militärisches Amt, gemäß der römischen Gesetze, übernahm. Wie er bei der Verfolgung von Staatsfeinden oder Steuerflüchtlingen (oder beidem) in intensiven Kontakt zum neuen, christlichen Glauben und dessen Inhalten kam, wissen wir nicht – er spricht von einer Offenbarung. Wir werden zeigen, dass die biblische Geschichte, die Lukas uns hierzu später erzählt (Paulus'

„Damaskus-Erlebnis") neben ihrer theologischen Funktion auch dem Zweck dient, den eigentlichen Hintergrund dieser Geschichte, die Flucht des Paulus nach Damaskus, zu verschleiern. Und sowohl für Paulus' Flucht, wie auch für deren Verschleierung in der Apostelgeschichte gab es gute Gründe. Wenn wir auch nicht mit letzter Sicherheit den tatsächlichen Grund seiner Flucht angeben können (wir werden im weiteren gleichwohl darüber spekulieren), so können wir doch seinen weiteren Lebensweg nur vor dem Hintergrund dieser Flucht begreifen. Tatsächlich bleibt Paulus Zeit seines Lebens ein Gesuchter, auch während seiner Missionsreisen. Über deren genauen Verlauf jedoch ist – über Paulus' vermutlich geschönte Selbstzeugnisse hinaus – wenig bekannt. Und so bleibt letztlich auch unklar, wie er, nach längerem Gefängnisaufenthalt, nach Rom gekommen ist. Sollte die Anmerkung in den Clemensbriefen den Tatsachen entsprechen, dass er zwei Jahre lang in Rom gewohnt habe, so sicherlich nicht zur Miete, wie behauptet wird, sondern eher, um ein Erbe anzutreten, worauf er als Adoptierter Anspruch hatte. Das damalige Rom ließe sich etwa dem heutigen London vergleichen, die Mieten waren extrem teuer, die Menschen lebten eng gedrängt, oft zu mehreren in einem Raum. Kaum vorstellbar, dass ein

Mittelloser – als welcher Paulus von der Tradition in der Nachfolge Christi dargestellt wurde – dort zur Miete hätte wohnen können.

Paulus kannte, wie wir sehen werden, Leute aus dem Haus des Kaisers – schon dieser Umstand lässt eine jüdische Herkunft aus Tarsus unwahrscheinlich erscheinen. Und bedenken wir, dass Lukas in der Apostelgeschichte gerade einen halben Satz darauf verwendet, um Paulus eine jüdische Identität zu verpassen. Er schreibt, mit vielen Details ausgeschmückt, die Geschichte eines Saulus nieder - und am Ende lapidar die Anmerkung: „Saulus, der auch Paulus heißt". Geschichtsklitterung kann so einfach sein... Aber wenden wir uns nun textkritisch den Primärquellen zu.

Grundsätzlich werden in diesem Buch nur die Briefe als Quelle herangezogen, die als echte Paulusbriefe gelten (im Einzelnen: Thessaloniker-, Korinther- 1 und 2, Galater-, Römer-, Philipper-, Philemon-). Die Apostelgeschichte, die später geschrieben wurde als die Briefe und deren Verfasser wir mit dem Evangelisten Lukas gleichsetzen, wird außer Acht gelassen, am Ende des Buches werde ich kurz auf sie eingehen.

Alle, die sich mit der Person und dem Leben des Paulus beschäftigen oder beschäftigt haben, stehen vor dem gleichen Quellenproblem: Es existieren neben den Briefen des Paulus und eben der Apostelgeschichte keine weiteren Quellen, und Lukas schrieb 30-40 Jahre nach dem Tod des Paulus, dazu noch an der Westküste der heutigen Türkei und war vermutlich nie im vorderen Orient gewesen, wie seine ungenauen Ortsangaben nahelegen. So finden sich in seiner Schrift – wie auch im Denken der damaligen Zeit nicht unüblich – naturgemäß Wahrheiten, Halbwahrheiten, Missverständnisse und Wunschdenken vermischt, die im Einzelnen zu bestimmen die Quellenlage unmöglich macht. Lediglich die konkrete Inaugenscheinnahme der Zeit des Paulus, die Kenntnis damaliger juristischer und soziologischer Gegebenheiten sowie die menschliche Logik können helfen, einer in sich stimmigen und damit einer, wenn auch nicht beweisbar „wahren", doch zumindest wahrscheinlicheren Sachgrundlage des Textes näherzukommen.

Wir wenden wir uns zuerst Paulus und seinen Aussagen zu, denen wir als Quelle immer den Vorzug vor der Apostelgeschichte geben, und versuchen zunächst in einer Art gedanklichen tabula rasa zu vergessen, was wir traditionell über Paulus gelernt haben.

VOM BEKENNTNIS, EIN JUDE ZU SEIN

Einige Passagen seiner Briefe befassen sich kurz und in Andeutungen mit seiner Herkunft, so etwa im zweiten Korintherbrief ,Kapitel 11, Vers 22. Einige Juden haben sich in Gemeinde in Korinth begeben und offenbar versucht, die Gemeinde wieder vom Christusglauben abzubringen und zum alten jüdischen Glauben zurückzuführen. Paulus bezeichnet ihre Aussagen als Unsinn und Prahlerei und hält dagegen:

„Womit aber jemand prahlt - ich rede jetzt als Narr -, damit kann auch ich prahlen. 21) **Sie sind Hebräer - ich auch. Sie sind Israeliten - ich auch. Sie sind Nachkommen Abrahams - ich auch.** 22) Sie sind Diener Christi - jetzt rede ich ganz unvernünftig -, ich noch mehr: Ich ertrug mehr Mühsal, war häufiger im Gefängnis, wurde mehr geschlagen, war oft in Todesgefahr."

Hier prahlt Paulus, wie er ja selbst ausdrücklich sagt, um den Lesern und Zuhörern einen Spiegel ihres Verhaltens vorzuhalten, und zählt im weiteren Verlauf unmögliche Dinge auf: eine Steinigung, die er überlebt haben will, dreimaliger Schiffbruch etc., um den Grad der Absurdität seiner Aussagen zu steigern. Natürlich überlebt niemand eine Steinigung, und, da in der Antike so gut wie niemand schwimmen konnte, auch keinen dreimaligen Schiffbruch. Wir dürfen durchaus annehmen, dass die Aussage, Hebräer und Israelit zu sein, ebenso absurd ist, was seiner Zielgruppe ja auch bekannt sein dürfte. Möglicherweise übertreibt er aber auch nur. Er könnte auch ein Proselyt, also jemand, der zum Judentum übergetreten ist oder übertreten will, gewesen sein. Ob er tatsächlich qua Geburt Jude war, darf jedenfalls stark bezweifelt werden. So sagt er etwa über seinen Zugang zum Judentum an anderer Stelle :

(1.Korinther 20, 21):

Den Juden bin ich ein Jude geworden, um Juden zu gewinnen; denen, die unter dem Gesetz stehen, bin ich, obgleich ich nicht unter dem Gesetz stehe, einer unter dem Gesetz geworden, um die zu gewinnen, die unter dem Gesetz stehen. 21) Den Gesetzlosen war ich sozusagen ein Gesetzloser - nicht als ein Gesetzloser vor Gott, sondern gebunden an das Gesetz Christi -, um die Gesetzlosen zu gewinnen.

„ Den Juden bin ich ein Jude geworden....“ Wie kann man etwas werden, was man doch angeblich bereits schon ist ?

Schauen wir uns die anderen Stellen an, an denen Paulus in den Briefen behauptet, Jude zu sein. Da wäre Römer 11.1 zu nennen, eine interessante Stelle, die uns zu einem bekannten Phänomen der Überlieferungsgeschichte antiker Texte führt: dem sogenannten Textzuwachs. Es war durchaus üblich, Texte zu „verbessern", Erläuterungen einzufügen, wenn man im Sinne des Autors zu handeln glaubte oder aber Texte nach eigenem Gutdünken zu verändern, wenn es einer höheren Sache diente, ja sogar komplette Texte im Namen anderer zu schreiben, wie zum Beispiel die sogenannten Apokryphen, Evangelien im Namen von Jüngern, allesamt erst Jahrzehnte nach deren Tod geschrieben. Es gehört bis heute zu den Aufgaben der Altphilologie, antike Texte nach solchen Veränderungen zu durchsuchen und die Stellen zu markieren und zu bewerten. So wollen auch wir uns jetzt einige Stellen in den Paulusbriefen anschauen, zuerst

Römer 11.1. :

Ich frage also: Hat Gott sein Volk verstoßen? Keineswegs! **Denn auch ich bin ein Israelit, ein Nachkomme Abrahams, aus dem Stamm Benjamin.** Gott hat sein Volk nicht verstoßen, das er einst erwählt hat.

Hier folgt Paulus einem Frage-Antwort-Muster, dass er

mehrfach - genau zehnmal (Römer 3,4 und 3,6 sowie 6,2 und 6,15, außerdem 7,7 und 7,13, des weiteren 9,14 und 11,11 sowie 2.Korinther 11,15 und Galater 3,21) - benutzt hat, und immer folgt auf die rhetorische Frage ein : „Keineswegs" - und direkt dahinter die Antwort. Das Subjekt des vorherigen Satzes ist auch das Subjekt des nächsten Satzes – mit der kennzeichnenden Ausnahme allerdings von Römer 11.1. Das Bedingungsgefüge „Hat Gott sein Volk verstoßen? Keineswegs. Gott hat sein Volk nicht verstoßen, das er einst erwählt hat" ergibt einen sinnvollen Zusammenhang: Frage und direkte Beantwortung. Der Satz, der die beiden Elemente trennt, darf als später eingeschoben gelten, passt nicht in den Kontext und fällt aus dem bekannten Muster heraus. „Denn auch ich bin ein Israelit, ein Nachkomme Abrahams, aus dem Stamme Benjamins" - mit diesem Satz wird Paulus für die Juden zu einer glaubwürdigen Person gemacht, der zusätzlich noch aus dem Stamme Davids und König Sauls stammt und somit den edelsten Stammbaum bekommt, den ein Jude nur haben konnte. Im gesamten Orient galten und gelten Aussagen als wahr und richtig nicht aufgrund einer inneren Logik, sondern ihr Wahrheitsgehalt hängt entscheidend davon ab, wer den Satz sagt, und viel weniger davon, was gesagt wird.

Betrachten wir die nächste relevante Textstelle,

Philipper 3:

Vor allem, meine Brüder, freut euch im Herrn! Euch immer das Gleiche zu schreiben wird mir nicht lästig, euch aber macht es sicher. 2 Gebt Acht auf diese Hunde, gebt Acht auf die falschen Lehrer, gebt Acht auf die Verschnittenen! Denn die Beschnittenen sind wir, die wir im Geist Gottes dienen und uns in Christus Jesus rühmen und nicht auf irdische Vorzüge vertrauen, obwohl ich mein Vertrauen auch auf irdische Vorzüge setzen könnte. Wenn ein anderer meint, er könne auf irdische Vorzüge vertrauen, so könnte ich es noch mehr. **Ich wurde am achten Tag beschnitten, bin aus dem Volk Israel, vom Stamm Benjamin, ein Hebräer von Hebräern, lebte als Pharisäer nach dem Gesetz,** 6 verfolgte voll Eifer die Kirche und war untadelig in der Gerechtigkeit, wie sie das Gesetz vorschreibt.7 Doch was mir damals ein Gewinn war, das habe ich um Christi Willen als Verlust erkannt. 8 Ja noch mehr: ich sehe alles als Verlust an, weil die Erkenntnis Christi Jesu, meines Herrn, alles übertrifft. Seinetwegen habe ich alles aufgegeben und halte es für Unrat, um Christus zu gewinnen.

Hier ist es die Zeile 5, der unsere Aufmerksamkeit gilt. Lesen wir den Text ohne diese Zeile, müssen wir Satz 6 im

Deutschen mit einem„Ich" beginnen lassen, da ein Personalpronomen im Griechischen und auch im Lateinischen nicht notwendig ist. Satz 4 und Satz 6 verbinden sich problemlos zu einer sinnvollen und logischen Aussage. Das Thema des Satzes, nämlich das Gesetz für Unrat zu halten, bekommt nur Gewicht für einen jüdischen Zuhörer, wenn ein anderer Jude es sagt – denn für einen Nichtjuden ist das jüdische Gesetz ja ohnehin wertlos und uninteressant. Deshalb wurde in den Text im Nachhinein, um der nachfolgenden Aussage ein stärkeres Gewicht zu verleihen, die Genealogie eines hochstehenden Juden eingeschoben, ganz im Sinne von Lukas' Intention, die er uns in der Apostelgeschichte näherbringen will. Nicht irgendein Jude, sondern gleich der höchstmögliche Stammbaum – wenn schon, denn schon. Vergessen wir nicht, dass wir uns im Orient befinden, wo es auch damals schon weniger auf die Aussage, sondern vielmehr auf die Person ankam, die die Aussage machte. Diesem Umstand obliegt es auch, den offenkundigen Widerspruch zwischen der Aussage „ich lebte als Pharisäer nach dem Gesetz" zu der vorher gemachten Aussage, die auch der Titel dieses Buches ist: „vivebam sine lege" – „ich lebte ohne das Gesetz" nahezu bedeutungslos werden zu lassen.

Nähern wir uns nun der Kernfrage: Wer war Paulus in Wahrheit, und wie lassen sich seine unterschiedlichen Aussagen über sich selbst und sein Leben dann sinnvoll zu einem stimmigen Bild zusammenfügen ?Beginnen wir bei seiner Geburt. In Galater 1,15 sagt er:

Als aber Gott, der mich schon im Mutterleib auserwählt und durch seine Gnade berufen hat ...

An anderer Stelle: (1. Korinther 15,8) bezeichnet er sich als „abortivo"- Missgeburt. Ab utero, vom Mutterleib an, sagt die lateinische Fassung. Was können wir unter dieser Aussage verstehen? Dass er sich vom Mutterleibe an berufen gefühlt hat, Apostel zu werden, ist unlogisch und unwahrscheinlich. Eher muss die Aussage wohl dahingehend verstanden werden, dass er nicht bei seiner Mutter groß wurde, sondern von Geburt an in andere Hände gegeben wurde. Diese Möglichkeit bestand durchaus und zwar durch Adoption, die es in verschiedenen, rechtlich unterschiedene Arten gab. In der nachaugusteischen Zeit war es durchaus üblich, Kinder zu adoptieren, um so unter anderem in den Genuss der Steuervergünstigungen durch das sogenannte Dreikinderrecht zu gelangen.

Doch widmen wir unsere Aufmerksamkeit zunächst einer anderen Stelle, in der Paulus mit Kephas (die Gleichsetzung von Kephas mit Petrus halte ich für problematisch, deshalb wird sie von mir bewusst vermieden) spricht – die einzige Stelle in seinen Briefen, in denen die direkte Rede benutzt wird:

Galater 2,14:

Wenn du, der du ein Jude bist, heidnisch lebst und nicht jüdisch, warum zwingst du dann die Heiden, jüdisch zu leben? **Wir sind von Geburt Juden und nicht Sünder aus den Heiden.** Doch weil wir wissen, dass der Mensch durch Werke des Gesetzes nicht gerecht wird, sondern durch den Glauben an Jesus Christus, sind auch wir zum Glauben an Christus Jesus gekommen, damit wir gerecht werden durch den Glauben an Christus und nicht durch Werke des Gesetzes.

Hier findet sich in Satz 15 die klassische jüdische Auffassung von Theologie und religiösem Selbstverständnis, die Juden auf der einen und die Heiden und Sünder auf der anderen Seite – und genau diese Auffassung ist es ja, die Paulus vehement bekämpft. Seine Vorstellung vom Judentum beschreibt er unmissverständlich in Römer 2, 28:

Jude ist nicht, wer es nach außen hin ist, und Beschneidung ist nicht, was sichtbar am Fleisch geschieht, 29) sondern Jude ist, wer es im Verborgenen ist, und Beschneidung ist, was am Herzen durch den Geist, nicht durch den Buchstaben geschieht. Der Ruhm eines solchen Juden kommt nicht von Menschen, sondern von Gott.

Satz 14 und 16 der Stelle im Galaterbrief ergeben einen direkten logischen Zusammenhang, Satz 16 ist die Begründung der Frage in Satz 14: „wie kannst du […] wo wir doch erkannt haben [...]" Somit steht der Satz in Galater 2, 15 in dringendem Verdacht, Textzuwachs aus späterer Zeit zu sein, wie eben verschiedene andere Stellen auch. Zudem passt die Verwendung der direkten Rede nicht in den allgemeinen Rahmen der Briefe.

Es hat den Anschein, dass ein Interesse daran bestand, Paulus eine jüdische Identität zu verleihen, um seine Glaubwürdigkeit unter Juden zu gewährleisten und zu steigern. Wir wissen ja aus der Kenntnis der Historie, dass es nicht gelang, das Christentum dauerhaft in den jüdischen Gemeinden zu verankern und der Konflikt zwischen Heidenchristen und Judenchristen ein durchgängiges Problem in den frühen christlichen Gemeinden war.

Dass es in der Antike durchaus üblich war, eigene Ansichten in Briefe einfließen zu lassen, wissen wir ja bereits, und so darf es nicht verwundern, wenn, um der guten Sache zu dienen, solche Einschübe vorgenommen wurden.

Sehen wir uns eine andere Stelle mit der gleichen Motivation an:

Korinther 11, 32-33:

In Damaskus ließ der Statthalter des Königs Aretas die Stadt der Damaszener bewachen, um mich festzunehmen. 33) Aber durch ein Fenster wurde ich in einem Korb die Stadtmauer hinuntergelassen und so entkam ich ihm.

Ohne Zusammenhang zum vorherigen Text, in dem Paulus über seine Schwäche spricht, steht dort plötzlich dieser Satz. Es gibt keine weitere Erklärung an dieser Stelle, weder zu der Frage, warum der Statthalter ihn festnehmen wollte noch zu näheren Umständen, wer Paulus gewarnt oder versteckt hat noch über die Motivation der Helfer.

Die gleiche Geschichte findet sich bei Lukas ausführlicher in der Apostelgeschichte – aber auch dort bleibt sie seltsam und die Frage offen, wer Paulus hätte helfen sollen – schließlich sind wir im Orient, und dort ist die Familie die einzige verlässliche Hilfe und Stütze. Vermutlich wurde dieser Zusatz von jemandem hinzugefügt, der in späterer Zeit eine Anekdote aus der Apostelgeschichte in den paulinischen Briefen nachträglich verankern wollte und diesen Satz einfach dort, wo sich noch ein Platz auf dem Pergament fand, hinschrieb. Auffallend ist in diesem Kontext nämlich der vorherige Satz:

Gott, der Vater Jesu, des Herrn, er, der gepriesen ist in Ewigkeit, weiß, dass ich nicht lüge.

Ein solcher Satz, der das vorher Geschriebene der Glaubwürdigkeit versichert, gehört ans Ende eines Briefes oder Kapitels – bot aber die Gelegenheit, falls noch etwas Platz auf dem Pergament war, später noch einen Satz hinzuzufügen.

Die Dinge sind manchmal sehr profan – es lässt sich jedenfalls schwer vorstellen, dass eine so wichtige und prägende Sache wie die Verfolgung durch den Nabatäerkönig in den Paulusbriefen ansonsten an keiner Stelle erwähnt wird, außer einer Andeutung in 1. Galater, wo Paulus lediglich sagt, dass er „**wiederum** nach Damaskus" ging - woraus wir simpel folgern können, dass er vorher schon dort war, und wohl nicht nur auf der Durchreise. Aber eine Verfolgung oder irgendwelche Probleme erwähnt er nicht, obwohl eine solche Verfolgung doch sicherlich ein entscheidender Einschnitt in seinem Leben gewesen wäre. Aber dazu später mehr.

Wir nähern uns damit zwei elementaren Fragen: zum Einen, wenn Paulus kein Jude war, was war er dann und zum Anderen, warum war es so wichtig, ihn zum Juden zu machen? Er selbst schreibt - jenseits des Textzuwachses - nirgendwo über seine direkte Herkunft, sie dürfte ja auch den Empfängern seiner Briefe bekannt gewesen sein. Unsere Lesart ist nun die Folgende: Er wurde direkt vom Mutterleib an weggegeben, wuchs zwischen verschiedenen Kulturen auf, lernte das jüdische Gesetz erst in der Adoleszenz kennen, wurde ein eifriger Verfechter des Judentums, sprach aber Griechisch und muss gute Kontakte zur Obrigkeit gehabt haben – wie sonst hätte er ein militärisches Kommando zur Verfolgung der Christen bekommen können? Auch damals, und besonders im Orient, galten Beziehungen und persönliche Kontakte als Voraussetzung für jede Art von Geschäften, nicht anders als heute, aber doch sehr viel ausschließlicher. Kontakte aber wurden fast ausschließlich über das familiäre Umfeld bereitgestellt. Man hatte sie oder hatte sie nicht. Paulus hatte sie offensichtlich durch seine Adoption in ein römisches Umfeld.

Dies führt uns nun zu der Frage, in welcher Weise die

Adoption des Paulus durchgeführt wurde. Wahrscheinlich unterlag sie einem Rechtsrahmen, den Kaiser Augustus zunächst zur Regelung innenpolitischer Schwierigkeiten eingeführt hatte und der vor allem in den Provinzen oft angewandt wurde. Die sogenannte Lex julia et papia brachte starke Einschnitte in das gewohnte Leben mit sich. Dieses Gesetz hatte sozialgeschichtlich erhebliche Folgen, ging es doch während des Bürgerkrieges, aus dem Augustus als Sieger hervorgegangen war, auch und wieder um Fragen des Landbesitzes, um Fragen der Verteilung des Ager publicus, um Fragen der Erbschaft, und natürlich auch um Steuern und deren Verteilung sowie um Aufstiegschancen ehemaliger Sklaven und Freigelassener. Die Neuregelungen, die Augustus mit diesem Gesetz einführte, sollten dem Kindermangel abhelfen und die riesigen Lücken an Menschen wieder auffüllen, die der Bürgerkrieg gekostet hatte.Die Zahl der Adoptionen nahm stark zu, da adoptierte Kinder ebenso wie leibliche gezählt wurden, man so in den Genuss des Dreikinderrechts und seiner Steuervorteile kommen und die Sanktionen bei Kinderlosigkeit umgehen konnte. Gleichzeitig ließen sich die Adoptionsverhältnisse ohne Konsequenzen auch wieder lösen, was Augustus zu weiteren gesetzlichen Maßnahmen zwang. Um die Zahl der Freigelassenen einigermaßen zu begrenzen, verfügte er, dass Sklaven erst mit 30 Jahren freigelassen werden durften, da die Zahl der Freilassungen enorm zugenommen hatte und man auf diese Weise Personen aus dem Haushalt entfernte, die man nicht mehr oder nur schwer ernähren konnte oder wollte. Letzterer Umstand, die Freilassung adoptierter Sklaven erst im Alter von 30 Jahren, wird uns im Nachvollzug der Motive, die Paulus' Lebensweg lenken, noch im Weiteren beschäftigen...Zunächst aber wollen wiruns um das Verhältnis Paulus' zu seinen römischen Adoptiveltern einerseits und seinen (leiblichen) Ursprungseltern andererseits nachvollziehen zu können, unter Rückgriff auf den entsprechenden Wikipedia-Artikel das römische Adoptionsrecht etwas näher ansehen.

Die Römer kannten zwei unterschiedliche rechtliche Vorgänge, die nach heutigen Verständnis als Adoption bezeichnet werden können: zum einen die adoptatio, die den Adoptierten der väterlichen Gewalt (patria potestas) des Adoptierenden unterstellte; zum anderen die arrogatio, bei der dies nicht der Fall war.
Römisches Recht räumte dem pater familias die Befugnis ein, Personen, die ihm unterstanden, also Kinder und zunächst auch Frauen und Freigelassene, zur adoptatio freizugeben.

Für kinderlose Familien war die adoptatio teuer und riskant. Denn zwischen den Parteien floss Geld und die Zukunft der eigenen musste durch den Angehörigen einer fremden Familie sichergestellt werden. Die adoptatio wurde zwischen Familien gleichen Sozialstatus vereinbart.

Der Adoptierte erwarb auch den Status des Adoptivvaters, das hieß, falls der Adoptierte aus einer patrizische Familie stammte, wurde er durch Adoption Plebejer und umgekehrt. Adoption wurde nicht verschwiegen oder als beschämend angesehen. **Auch wurde nicht erwartet, dass der Adoptierte die Verbindungen zu seiner bisherigen Familie abbrach**. Wie ein Ehevertrag war die Adoption ein Weg, interfamiliäre und politische Allianzen zu verstärken. Der Adoptierte war oft in der privilegierten Situation, die Beziehungen der ursprünglichen und der Adoptivfamilie nutzen zu können. Fast jede politisch tätige römische Familie machte Gebrauch davon. -

Gut möglich also, dass Paulus bereits als Säugling in eine gehobene römische Familie gegeben wurde, die kinderlos war und dort erzogen wurde in der Art, die Kindern höhergestellter Römer zustand und so das Lesen und den Umgang mit Literatur erlernte. Kinderlosigkeit war ein Makel, und wenn eine Ehe kinderlos blieb, so verlor die Familie das Recht auf Erbschaft, ein zusätzlicher Anreiz also, ein Kind zu adoptieren. Für die gebende Familie war es oft der einzige Weg, einem Kind Bildung und ein besseres Leben zukommen zu lassen, insbesondere für uneheliche Kinder, die ohne Ernährer keine Chance auf Anerkennung und ein gutes Leben hatten. Manchmal wurden auch Kinder, die vom Herren mit einer Sklavin gezeugt worden waren, adoptiert, manchmal wurde ein Kind auch nur adoptiert, um den Namen der Familie nicht aussterben zu lassen. Zusätzlich gab es sogenannte „Alumni" – Pflegekinder, die rechtlich den Status eines biologischen Kindes bekommen konnten. Wir können und möchten nicht entscheiden, welche der vielfältigen Möglichkeiten auf Paulus zutraf. Aber schon die Tatsache, dass er Griechisch sprach und den Namen einer alten römischen Gens trug, lässt es unwahrscheinlich erscheinen, dass er Jude war. Andererseits darf als sicher angenommen werden, das er Aramäisch sprach. Dieser Umstand aber spricht nicht gegen Paulus' römische Adoption, da es ja in den Provinzen nicht ungewöhnlich war, zweisprachig aufzuwachsen, wenn die Umgebung es zuließ.

So bemerkt A. Momigliano zu den Sprachkenntnissen der jüdischen Bevölkerung und denen der römischen Besatzung: „Die Unkenntnis der lateinischen Sprache bei den Juden wurde sicherlich durch die Unkenntnis des Hebräischen bei den Römern aufgewogen." Aus diesem Grund war die vermittelnde Sprache zwischen den beiden Kulturen das Aramäische und, im Ausnahmefall, auch das Griechische, das in den vornehmen römischen Familien seit den Tagen Catos als Zeichen der Gelehrsamkeit galt und den Kindern und Familienangehörigen frühzeitig beigebracht wurde. Die Juden hingegen sprachen Aramäisch und Hebräisch, aber in der Regel kein Griechisch. Und dass eine Jüdin ihr Kind zur Adoption in eine römische Familie gegeben hätte, kann so gut wie ausgeschlossen werden. Eine solche Mutter hätte in jedem Fall in der jüdischen Gemeinde ihr Gesicht verloren, selbst unter hellenisierten Juden, die ihrerseits von den streng orthodoxen Juden als Verräter angesehen wurden. Soziale Ächtung, Verachtung und Ausgrenzung wären die Folge gewesen.

Wenn Paulus aber von Geburt an (wovon ich überzeugt bin) kein Jude war, was war er dann oder was könnte er gewesen sein? Mag es auch müßig sein, hier zu spekulieren – dennoch: Meine Gedanken gehen in Richtung Arabien, speziell nach Damaskus oder Umgebung, wo man ihn möglicherweise kannte, denn die Kontakte zu seiner Familie brachen vermutlich nie ab. In

Galater 1, 16 findet sich der interessante Ausdruck „ Fleisch und Blut", den er nur einmal, nämlich hier, verwendet und der in der Sprache des Orients „Familie" bedeutet; den Begriff des Fleisches, den Paulus häufig als Synonym für den (begehrlichen) Menschen verwendet, sehen wir hier erweitert, und die Frage muss lauten, wieso er im Zusammenhang mit Arabien von Blutsverwandtschaft spricht. Die Übersetzer übersetzen durchgehend nicht mit „Familie", sondern lassen die beiden Worte als „Fleisch und Blut" so stehen oder übersetzen ungenau einfach mit „Mensch".

Arabien zur Zeit des Paulus, die Arabia felix, das glückliche Arabien, war im Verständnis der Zeit das Reich der Nabatäer mit der Stadt Damaskus. Um die von uns vermutete Herkunft Paulus' aus eben diesem Nabatäerreich zu erhärten, werden wir in einem späteren Kapitel vor allem seinen möglichen lebensgeschichtlichen Bezug zur Stadt Damaskus etwas näher ansehen.

Der Name Paulus

In allen seinen Briefen nennt er sich selbst ausschließlich Paulus, sodaß wir nicht wissen, ob er einen zweiten oder dritten Namen führte – logisch wäre allerdings, dass er seinen Sklavennamen oder den Gentilnamen seines Adoptivvaters als neuen Gentilnamen oder sogar, falls er ein ehemaliger Haussklave war, seinen Sklavennamen weiterführte. Es war durchaus üblich und sogar erwünscht, mit dem Namen des ehemaligen Patrons eine neue Familie zu gründen, damit der Name der Gens weiter existierte – angesichts der hohen Kindersterblichkeit sowie des Mangels an Kindern eine verständliche Maßnahme der römischen Sozialpolitik. Es sind Fälle bekannt, bei denen als Bedingung für eine Adoption die lebenslange Weiterführung des Gentilnamens sowie die Verpflichtung zur Zeugung von Nachkommenschaft festgeschrieben wurde. Als Sklave oder möglicherweise auch als Pflegekind in eine Familie aufgenommen zu werden bedeutete also für Paulus nicht, in dieser rechtlosen Form lebenslang leben zu müssen, denn eine Adoption durch den Pater familias war ohne weiteres möglich und durchaus gängige Praxis, besonders in den Provinzen. Im Falle eines

Alumni (Pflegekinds) erfolgte die Entlassung aus der Pater potestas mit 30 Jahren, wenn auch der Alumni rechtlich weiterhin zur Familie gehörte und sogar erbberechtigt war. Grundsätzlich gehörte jeder Freigelassene weiterhin zur Familie und blieb an den Patron sogar rechtlich gebunden. Die Aussicht auf eine mögliche Adoption war auch eine beliebte Motivation, um Sklaven an die Familie zu ketten, Wohlverhalten zu belohnen sowie persönlichen Sympathien Ausdruck zu verleihen.

Häufig wurde das Anlegen der Toga virilis, also der Übergang von derAdolescenz zum Erwachsenenstatus, für diese Zeremonie benutzt. Die Anerkennung als Freigelassener allerdings erfolgte erst beim Erreichen des dreißigsten Lebensjahres, einem Gesetz folgend, das Augustus erlassen hatte, um der Flut an Freilassungen entgegenzuwirken. Mit 16 Jahren galt man als erwachsen und ebenso als geschäftsfähig, ein guter Grund also, sich über eine Adoption fähige und willige Mitglieder der Familie zu verpflichten. Solche Patronatsverhältnisse hatten lebenslang Bestand. Für uns ist es zum Verständnis der Person Paulus wichtig, mit unserer Hypothese einer römischen Adoption nachvollziehbar werden zu lassen, dass er zwischen verschiedenen, durchaus gegensätzlichen Kulturen aufwuchs – und als junger Mensch am Ende der

Pubertät nach Identität suchte, die er im jüdischen Glauben zu finden hoffte. Es ist sehr wahrscheinlich, dass Paulus von seinem Patron, wie in der Antike üblich, für eine Prokura eingesetzt wurde und dann den jüdischen Glauben kennenlernte, der tiefen Eindruck auf ihn machte. Er selbst schildert seine Begegnung mit dem jüdischen Glauben in Römer 7, Vers 8, als Bruch in seinem Leben:

7) Heißt das nun, dass das Gesetz Sünde ist? Keineswegs! Jedoch habe ich die Sünde nur durch das Gesetz erkannt. Ich hätte ja von der Begierde nichts gewusst, wenn nicht das Gesetz gesagt hätte: Du sollst nicht begehren. 8) Die Sünde erhielt durch das Gebot den Anstoß und bewirkte in mir alle Begierde, denn ohne das Gesetz war die Sünde tot. 9) **Ich lebte einst ohne das Gesetz; aber als das Gebot kam, wurde die Sünde lebendig,** 10) ich dagegen starb und musste erfahren, dass dieses Gebot, das zum Leben führen sollte, den Tod bringt.

Vivebam sine lege – ich lebte ohne das Gesetz.

Es muss ein starker Bruch in seinem Leben gewesen sein. Jedenfalls hat Paulus das Kennenlernen der Idee der Sünde tief bewegt. So ist zu vermuten, dass der junge Paulus zum jüdischen Glauben übertreten wollte, wozu es nötig war, alle 613 jüdischen Gesetzte zu erlernen und sich beschneiden zu lassen. Ob es tatsächlich zur Beschneidung kam, ist unwahrscheinlich. In allen Briefen spricht er verächtlich von „den Beschnittenen", sodaß es schwerfällt, zu glauben, das auch er beschnitten war.

Im Galaterbrief 1, 14 beschreibt er sein Verhalten, ein Verhalten, wie es für Konvertiten typisch ist:

(ich) übertraf im Judentum viele meiner Altersgenossen in meinem Volk weit und eiferte über die Maßen für die Überlieferungen meiner Väter. Als es aber Gott wohlgefiel, der mich von meiner Mutter Leib an ausgesondert und durch seine Gnade berufen hat,

Gleichzeitig erzählt er uns, dass er nicht bei seiner Mutter aufwuchs, ein junger Mann also, der zwischen zwei Familien stand und eine tiefere Zugehörigkeit suchte, die er nun im Judentum zu finden glaubte. Zur Besonderheit der Adoption gehörte es ja, dass der Adoptierte Mitglied in beiden Familien blieb und der Kontakt zu den leiblichen Angehörigen nicht abriss. Wie wir später noch sehen werden, ist die Wahrscheinlichkeit, dass seine eigentliche Familie möglicherweise in Syrien angesiedelt war, hoch. Später wird er sagen, dass er, nach Abbruch seines militärischen Mandates „wiederum nach Damaskus" ging

–woraus wir schließen dürfen, dass er vorher schon dort war, ohne dass wir genau wissen, warum und wie lange, aber da im Orient die persönlichen Beziehungen über alles gingen, dürfte er Freunde und Bekannte, möglicherweise auch Verwandte, dort gehabt haben.

Und dieser junge Mann wurde zu einem vehementen Verteidiger des Judentums gegen alle Abweichler und verfolgte die neue Sekte der Christen, wie er selbst sagt: „über die Maßen", ein Verhalten, typisch für Konvertiten, das wir etwa mit den Worten „päpstlicher als der Papst" zu kennzeichnen gewohnt sind. In diesem Zusammenhang kommen wir zu einer scheinbar nebensächlichen, wie wir aber sehen werden, entscheidenden Frage:

Wie verfolgte man eigentlich Christen?

WIE VERFOLGTE MAN

EIGENTLICH CHRISTEN ?

Keine Quelle berichtet uns detailliert, wie eine solche Verfolgung konkret aussah - dennoch dürfen wir sicher sein, dass Paulus nicht allein war, sondern etliche Männer, mit Sicherheit bewaffnet, bei sich hatte. Ebenso dürfte er Geldmittel für Verpflegung seiner Truppe sowie Pferde und Wagen zur Verfügung gehabt haben, um eventuelle Gefangene über größere Strecken zu transportieren. Zwar ließen die Römer den untergebenen Völkern in der Provinz eine gewisse Hegemonie und arbeiteten weitestgehend mit der lokalen Oberschicht zusammen. So wurde etwa die lästige Aufgabe des Eintreibens von Steuern meist den örtlichen Magistraten überlassen, die dann der Kolonialmacht gegenüber rechenschaftspflichtig waren. Diese Hegemonie und Selbstbestimmung endete jedoch, wenn römische Interessen direkt betroffen waren, und sie endete räumlich an der Grenze des jeweiligen Municipium oder der jeweiligen Civitas. Daraus ergeben sich zwei Fragen: Wer war in der Lage, ein Mandat für eine organisierte Verfolgung auszusprechen, wer erhielt ein solches Mandat und warum? Unzweifelhaft gehörte die Vergabe eines militärisches Mandats nicht in den Zuständigkeitsbereich des Hohepriesters, sondern die Vergabe war ein Privileg der Besatzungsmacht und in ihrem Interesse – ganz sicher berührten religiöse Eigenheiten im Vielgötterstaat Rom nicht die Interessen der Besatzungsmacht – ausbleibende Steuern hingegen schon. Die Hohepriester hatten ein starke Interesse daran, die neue Glaubensgruppe zu verfolgen, die die Tempelsteuer weitestgehend ablehnte und damit die Hohepriester in Schwierigkeiten brachten. Für diese neue Glaubensgruppe war nun das Nabatäerreich, das gerade den Römern eine gewisse Hegemonie abgetrotzt hatte, Damaskus zugesprochen bekam und damit seine größte Macht erlangte, das nächstliegende Land ihrer Sehnsüchte und einer relativen Freiheit – etwa von der Tempelsteuer.

Allerdings wurden zuweilen militärisch gesicherte Expeditionen von Jerusalem dorthin ausgesandt, die im wesentlichen den Zweck hatten, Steuerflüchtige zu ergreifen und in den engeren Bereich römischer Herrschaft zurückzubringen. Doch wer konnte an dieser Form von „Christenverfolgungen" teilnehmen und wem oblagen sie? Gerne bediente man sich Hilfskräften aus den Provinzen, denen die Ausübung eines solchen Mandats mit Privilegien schmackhaft gemacht wurde. Das Imperium hatte ja eine längst eine Größe erreicht, die enormes Potenzial an Militär voraussetzte und benötigte, eine Anstrengung, die allein mit italischen Bürgern nicht zu bewältigen war. Schon in den Zeiten der Republik sah man sich gezwungen, die Armee mehr und mehr für Fremde, sogenannten Peregrini, zu öffnen. Für Bürger aus den Provinzen war die Legion eine Chance zum sozialen Aufstieg. Einfache Soldaten konnten den Rang eines Zenturios erreichen und somit eine Karriere anstreben, die bis in den Ritterstand hinein führen konnte. Auch der Erwerb des römischen Bürgerrecht konnte auf diesem Weg erreicht werden und war durchaus lukrativ, da römische Bürger weniger Steuern zu zahlen hatten als Freigelassene oder überhaupt Einwohner der Provinzen. Mindestens für ein Jahr musste man als Offizier gedient haben, um im Staatsdienst Karriere machen zu können - eine überschaubare Zeitspanne also, durchaus verlockend auch für jene, die der Besatzungsmacht eher ablehnend gegenüber standen.

Für Bürger der Provinzen war das Militär sozusagen der erste Schritt auf der Karriereleiter, der Ansehen und sicher auch einen gewissen Wohlstand ermöglichte. Außerdem bot das Militär Möglichkeiten zur Erlangung des

Bürgerrechts, die Voraussetzung für eine Karriere in der Provinz, und es war möglich, mit Einverständnis des Patrons, dieses Bürgerrecht in Hinblick auf die Freilassung noch im Stadium der Abhängigkeit zu erwerben. Der folgende Wikipedia-Artikel über das römische Bürgerrecht beleuchtet diesen Zusammenhang:

Jene Gemeinwesen im Machtbereich Roms, die nicht das volle römische Bürgerrecht besaßen, bemühten sich in der Regel früh darum, es zu erhalten; im Falle des Bundesgenossenkriegs_strebten sie dieses Ziel sogar mit Gewalt an. Im Verlauf der Zeit stieg auch außerhalb Italiens die Zahl der Orte mit römischem Bürgerrecht.

Individuen konnten das Bürgerrecht erwerben; insbesondere durch Fürsprache eines einflussreichen Römers, die oft durch hohe Summen erkauft wurde, oder durch den Dienst in den römischen Hilfstruppen. In der Kaiserzeit_sorgte dann vor allem eine Besonderheit des römischen Zivilrechts dafür, dass sich der Kreis der Bürger rasch ausweitete: Jeder Sklave, der einem römischen Bürger gehörte und von diesem freigelassen_wurde, erhielt durch diesen Akt automatisch ein eingeschränktes Bürgerrecht; bereits seine freigeborenen Kinder besaßen dann das uneingeschränkte Bürgerrecht. Da die Zahl der Sklaven im *Imperium Romanum* in die Millionen ging, es aber gleichzeitig **üblich war, Privatsklaven beim Tod ihres**

Herren oder zu ihrem 30. Geburtstag die Freiheit zu schenken, führte dies vor allem während der ersten beiden Jahrhunderte nach Christus zu einer erheblichen Ausweitung der römischen Bürgerschaft.

Es war also durchaus üblich, sich mit einem militärischen Amt sein weiteres Dasein zu sichern und zusätzliche Privilegien zu erwerben. Wie ein militärisches Mandat vergeben und die Kandidaten ausgewählt wurden, lässt sich schwer ermitteln, man darf jedoch getrost vermuten, dass Fürsprache des Patrons sowie persönliche Beziehungen eine erhebliche Rolle gespielt haben. Anthony R. Birley (Locus virtutibus artefactus, Westdeutscher Verlag, 1992) formuliert es so:

„Manchmal war es natürlich entscheidend, WER einen Kandidaten empfohlen hatte. Jeder, der ab und zu Mitglied einer Berufungskommission gewesen ist, weiß, das private mündliche Empfehlungen oft wichtiger sind als schriftliche Gutachten. Auch Bestechung war in Rom und den Provinzen einer der entscheidenden Faktoren. Es war wohl üblich, daß die Befehlshaber der verschiedenen Militärbezirke, also der Provinzheere, selbst ihre Offiziere in den niedrigeren Stufen benennen durften oder sogar mußten: Zenturionen, sechzig pro Legion, Kommandeure der Auxiliareinheiten, Legionstribunen etc."

Es ist kaum anzunehmen, dass ein völlig Unbekannter ohne Leumund und Beziehungen eine Kommandantur bekommen hätte, um ein solches Unternehmen wie eine organisierte Christenverfolgung zu leiten.

Insofern ist es durchaus logisch, dass ein junger Mann wie Paulus, wenn er seine Zuverlässigkeit durch einige Jahre hindurch bewiesen hatte und an eine einflussreiche alte Familie gebunden war, zu solch einer Unternehmung ausgesandt wurde. Unzweifelhaft konnte ein jüdischer Hohepriester ein militärisches Mandat weder vergeben noch aussprechen, allerdings, da die römische Besatzungsmacht eng mit den provinzialen Machthabern zusammenarbeitete, durchaus Wünsche oder Vorschläge vorbringen, besonders, wenn die Interessen beider Parteien zusammenpassten oder sich zumindest nicht widersprachen. Im Falle Jerusalems und des Hohepriesters war eine Zusammenarbeit leicht möglich, da die Militärführung, ein Palast des Prokonsuls und der Sitz des Hohepriesters eng beieinander lagen.

Es ist daher äußerst wahrscheinlich , dass Paulus zu den zahlreichen Provinzialen gehörte, die in eine Familie per Adoption aufgenommen worden waren. Allein der Name Paulus sowie die Beherrschung des Griechischen zeugen vom engen Kontakt zur römischen Besatzungsmacht. Den Kontakt zur leiblichen Familie verlor er jedoch dabei nicht und stand somit zwischen zwei Kulturkreisen und zwei Interessensgruppen, entschied sich, nach Anlegen der Toga virilis zur Karriere im römischen Dienst, also für eine normale Karriere junger Leute in den römischen Provinzen. Er trug weiterhin den Namen der Gens seines Adoptivvaters, Paulus, eine Gens, die bis ins dritte Jahrhundert hinein belegt ist und zu den einflussreichsten alten römischen Familien zählte, oft in engem Kontakt und Austausch mit der Familie der Fabier und der Aemilier, die zu den fünf Ältesten in Rom zählten. Wenn er neben seinem Namen Paulus – er selbst nennt sich nie anders – keinen zweiten Namen führte, würde ihn das als ehemaligen Sklaven ausweisen. Die Adoption von Sklaven war nicht ungewöhnlich, bot eine solche Adoptio doch die Möglichkeit, sich der Loyalität des Adoptierten zu versichern, indem man ihn lebenslang an sich band und als Belohnung für Wohlverhalten und gute Dienste die Freilassung in Aussicht stellte, die dann beim Erreichen des dreißigsten Lebensjahres erfolgen konnte.

Wie und wo er in Kontakt mit dem orthodoxen Judentum kam, sagen uns die Quellen nicht. Er selbst führt nur aus, dass er den Begriff der Sünde erst spät kennenlernte –

gleichzeitig aber spricht er von der „Überlieferung seiner Väter"und steht damit nicht im Widerspruch zu einer nichtjüdischen Herkunft, denn für Christusgläubige waren die alten Propheten ja automatisch ihre Väter. Er könnte also durchaus ein Aramäer gewesen sein, der in der Gegend von Damaskus aufwuchs. Er sagt ja, dass er nach seinem Offenbarungserlebnis „wiederum nach Damaskus" ging. Mit anderen Worten: dorthin zurück, woher er gekommen war, und wo er im Kreis seiner Ursprungsfamilie, vielleicht bereits predigend, wartete, bis er dreißig geworden war und seine Freilassung erwirken konnte.

JERUSALEM ZUR ZEIT DES PAULUS

Hauptstadt der Provinz Judäa war nicht Jerusalem, sondern das an der Küste von Herodes gegründete Caesarea. Dennoch war und blieb Jerusalem für alle Juden bis heute ihre wichtigste Stadt – und der Unruhen, die immer wieder in Jerusalem aufflackerten, konnte die Besatzungsmacht nur Herr werden, indem sie massiv Truppen auf dem Tempelberg stationierte.

Rekonstruktion des Tempels
GEO Epoche Nr.45, Das heilige Land, Seite 110

Schon König Herodes hatte eine Kaserne in Form eines Turmes direkt am Tempel bauen lassen, der den Tempel überragte und einen direkten Zugang auf die Mauern des Tempels erlaubte, der einen Umlauf von 10 Metern Durchmesser hatte, so dass schnelles Eingreifen bei Unruhen und Aufruhr jederzeit möglich war, und dort saß auch die Militärverwaltung. Der Tempelberg insgesamt war ein Hochplateau, das Herodes zusätzlich noch hatte erweitern lassen. Die gesamte Anlage war die größte Tempelanlage der römischen Welt, eine kleine Stadt für sich, die über zwei breite Treppen zugänglich war, wobei das Innere des Tempels nur Juden und das Allerheiligste nur dem Hohepriester, und auch das nur einmal im Jahr, zugänglich war.

Der Tempelbezirk hatte einen eigenen Namen und wurde Ierosolyma genannt, in Analogie zu ägyptischen Tempelstädten, die sich „Hierapolis" nannten, wobei man in die Silbe „jeru" (Gründung) nun das griechische „hieros" („heilig") hineinlas. Noch im 11. Jahrhundert ist die Unterscheidung von Ierosolyma und Jerusalem in der Freskenmalerei nachweisbar. Allerdings ist es nur schwer vorstellbar, das die Juden ihr Allerheiligstes mit einem griechischen Namen benannten. Dieser Name blieb den Hellenen vorbehalten – die Juden benutzten ihn wohl nur, wenn sie den Teil des Plateaus meinten, der der Besatzungsmacht vorbehalten war. Leuten, die weit entfernt in der Diaspora lebten, wird der Unterschied nicht klar gewesen sein, weshalb manchmal beide Begriffe verwendet wurden – bei Paulus allerdings, dessen Briefe ja die älteste frühchristliche Quelle darstellen und der über exakte Ortskenntnis verfügte, sind die beiden Begriffe noch sauber getrennt.

Auf den Tafeln steht der Ort der Entsendung. Matthäus wird nach Ierosolyma geschickt, Paulus hingegen nach Jerusalem. Johannes geht nach Ephesos. Fresko aus Kappadokien, etwa 11.Jahrhundert.

Der Historiker Polybios sprach im 2. Jahrhundert von den Juden in Palästina, „die um das Hierosolyma genannte Heiligtum herum wohnen." Insofern ist es eigentlich unzulässig, Ierosolyma einfach mit Jerusalem zu übersetzen - besser wäre eine Bezeichnung wie etwa „Oberstadt" oder auch „Heilige Stadt". In der Bibel wird das Wort Ierosolyma mehrfach genannt, manchmal sogar in einem Satz mit dem Wort Ierusalem, so dass es nicht schwer ist, den Unterschied in der Wortbedeutung klar zu erkennen.

Zum Beispiel hier, Lukas 2, 42, über den jungen Jesus:

Et cum factus esset annorum duodecim, ascendentibus illis Jerosolymam secundum consuetudinem diei festi, consummatisque diebus, cum redirent, remansit puer Jesus in Jerusalem, et non cognoverunt parentes ejus.

Und seine Eltern gingen alle Jahre nach Jerusalem zum Passafest. Und als er zwölf Jahre alt war, gingen sie hinauf nach Jerosolyma , der Tradition entsprechend.

Oder auch: Apostelgeschichte 1, 12:

Tunc reversi sunt Jerusolymam a monte qui vocatur Oliveti, qui est juxta Jerusalem, sabbati habens iter.

Dann kehrten sie von dem Berg, der Ölberg genannt wird und nur einen Sabbatweg von Jerusalem entfernt ist, nach Ierosolyma zurück.

Wir werden sehen, dass diese Unterscheidung der beiden Begriffe bei Paulus im Galaterbrief – denn nur dort wird der Name Ierosolyma genannt – eine wichtige Rolle beim Verständnis seiner Biografie spielt, denn in Ierosolyma lag, wie wir gesehen haben, neben der Priesterschaft die Militärverwaltung. Wenn Paulus also sagt, das er „nach Ierusolyma hinauf " ging, kann damit durchaus die Militärverwaltung sowie der Sitz der Hohepriester gemeint gewesen sein. Der antike Leser muss es so verstanden haben.

Jerusalem insgesamt wird zur Zeit des Paulus auf etwa 70 000 Einwohner geschätzt, für antike Verhältnisse also eine Großstadt, deren Einwohnerzahl sich während der religiösen Feste noch um ein Vielfaches vermehrte. Um eine solche Menschenmenge unter Kontrolle zu halten, bedurfte es etlicher Kohorten Bewaffneter, die ständig in der Stadt zugegen waren. Eine solche Stadt war nicht mehr nur aus dem Umland zu ernähren – Historiker haben errechnet, dass die maximale Größe einer sich selbst versorgenden Stadt in der Antike bei maximal 20 000 Einwohnern lag. Jerusalem war also ein Moloch, groß geworden als Handelsplatz, insbesondere für den Tuchhandel. Der wertvolle und einzigartige Damast-Stoff wurde hier umgeschlagen, Handelswege führten den Jordan hinauf nach Norden und nach Osten sowie zum Meer. König Herodes hatte die Stadt ausbauen lassen und die Unterstadt stark erweitert und mit einer neuen Mauer umgeben. Die gesamte Epoche, in der Paulus aufwuchs, war eine Epoche des Umbruchs. Die zunehmende Verstädterung des Landes, der Kontakt mit der römisch-griechischen Kultur und deren Gedankenwelt sowie die Veränderungen der Sozialstrukturen, in denen die jüdischen Halbnomaden zu leben gewohnt waren, schufen die Basis für neues Denken und eine neue Religion, die dem einfachen Monotheismus den Rang ablaufen sollte und deren wichtigster Vertreter außerhalb Israels Paulus werden sollte.

Hier in Jerusalem und sicher auch in der neuen Hauptstadt Caesarea lebten Griechen, Aramäer, Römer, Syrer und viele andere – von den Juden, die die verschiedenen Sprachen nur schwer differenzieren konnten, allesamt als Griechen bezeichnet. Hier stand das erhabene Tuchmachermonument, das jedem Fremden unmissverständlich klarmachte, wer hier Handel und Wirtschaft dominierte. Wie fiel man auf in einer solchen Stadt und einem solchen Völkergemisch – wen musste man kennen, um ein militärisches Kommando zu erhalten?

Und, noch wichtiger, da im Orient der Name der Familie mehr zählte als jedes rationale Argument: Zu welcher Familie sollte man gehören, wer konnte Fürsprecher und Leumund werden, welche Kontakte brauchte man, um nicht namenlos unterzugehen? Und wurden Karrieren in Militär und Gesellschaft nicht geradezu erwartet? Der Einzelne war unfrei in seinen Entscheidungen, und die Allmacht des pater familias, des Familienoberhauptes, konnte nicht durchbrochen werden.

Christian Meier hat in seinem Buch „Res publica amissa" die Antike als „Krise ohne Alternative" bezeichnet, und diese Einschätzung ist wohl zutreffend. Auch Paulus schreibt, das er Dinge tun muss und musste, die er nicht tun will - und vollzieht einen radikalen Bruch.

Die politische und geografische Situation
des 1. Jahrhunderts in Palästina

Das damalige Israel hatte seine Unabhängigkeit längst verloren und war römische Provinz geworden, wenn auch mit einer durchaus eigenständigen Hegemonie. Die Besetzung des Landes war längst Alltag geworden, man hatte sich arrangiert, Handelsbeziehungen aufgenommen und war zum Alltag übergegangen, wenn auch Palästina immer unruhig blieb. Nicht umsonst gab es ständig eine römische Garnison unmittelbar am Tempel in der sogenannten Antonia. Immer wieder gab es Aufruhr, wie etwa durch Judas, den Galiläer, (ca. 6-9 n. Chr.) und der größte Punkt der Unzufriedenheit waren der Hegemonieanspruch der Römer sowie die hohen Steuern, die zu entrichten waren, nicht nur an die Kolonialherren, sondern auch den Tempelbezirk, der ein eigener Staat im Staate war.

Allein die Tempelsteuer betrug in etwa den Lohn eines Tagelöhners in drei Tagen, und das in einer Gesellschaft, die so gut wie keine Überschüsse erwirtschaften konnte. Die genaue Höhe der Abgaben an die Kolonialherren lässt sich nur schwer ermitteln, dürfte aber ebenfalls nicht unbeträchtlich gewesen sein. Die Römer hatten das Eintreiben und Überwachen ihres Steuersystems den örtlichen Behörden übertragen, die sie dann auch direkt verantwortlich machten für das Ausbleiben von Zahlungen oder Inkorrektheiten. In puncto Finanzen trafen die Interessen der Besatzungsmacht und der örtlichen Obrigkeit zusammen. Dies mag einer der Gründe gewesen sein, warum die Römer begannen, die Hohepriester nach Gutdünken abzusetzen und zu ernennen und sie somit zu Erfüllungsgehilfen des Imperiums zu degradieren – Maßnahmen, die sicherlich nicht zur Beliebtheit der Römer beitrugen.

Währenddessen hatte sich in Palästina politisch etwas Entscheidendes verändert: Das Reich der Nabatäer um Damaskus und Petra hatte zur Zeit des Paulus seine größte Ausdehnung erlangt, 37 n.Chr. war es den Nabatäern gelungen, den Römern eine gewisse Sonderstellung abzutrotzen und ein eigenes Herrschaftsgebiet mit Duldung Roms zu errichten, das für Kaufleute und Handeltreibende ebenso wie für Handwerker attraktiv war. Es scheint, dass aus Israel eine zunehmende Abwanderung ins Nabatäerreich stattfand, die ungern gesehen wurde und letztlich eingedämmt werden sollte. Vermutlich lag hier der Hauptgrund für die Verfolgung der Christen, die sich zu dem neuen Glauben bekannten, dessen Mittelpunkt nur noch bedingt der Tempel war – eine antike Steuerflucht sozusagen, die zu bekämpfen sowohl im Interesse der Römer als auch der jüdischen Oberschicht lag. Die Steuern und die Fremdherrschaft waren ein Quell ständiger Unruhe unter den Juden. Paulus äußert sich später im Römerbrief zum Thema Staat und Steuern wie folgt:

Römer 13 ff:

Jedermann sei untertan der Obrigkeit, die Gewalt über ihn hat. Denn es ist keine Obrigkeit außer von Gott; wo aber Obrigkeit ist, ist sie von Gott angeordnet. 2) Wer sich der Obrigkeit widersetzt, der widerstrebt Gottes Anordnung......Willst du dich aber nicht fürchten vor der Obrigkeit, so tue Gutes. ...sie ist Gottes Dienerin und vollzieht die Strafe an dem, der Böses tut. 5) Darum ist es notwendig, sich unterzuordnen, nicht allein um der Strafe, sondern auch um des Gewissens willen. 6) Deshalb zahlt ihr ja auch Steuern; denn sie sind Gottes Diener, auf diesen Dienst ständig bedacht. 7) Gebt allen, was ihr ihnen schuldig seid, Steuer, wem ihr Steuer schuldet, Zoll, wem ihr Zoll schuldet, Ehre, wem ihr Ehre schuldet.

Hier mögen seine persönlichen Erfahrungen meinungsbildend gewesen sein. Paulus hat erlebt, wie die Kolonialmacht mit mißliebigen Personen umging...

Das also war die Situation, in der sich Paulus zurechtfinden und seinen Weg suchen musste: ein zerrissenes Land, geografisch, ideologisch, theologisch und ökonomisch, dazu eine Gesellschaft, die mehr und mehr unter dem Einfluss hellenistischer Strömungen stand und andererseits politische und gesellschaftliche Gegenbewegungen erzeugte. Die unter Herodes begonnene zunehmende Verstädterung mit seinen vielschichtigeren Lebensformen verlangte ein neues Denken, andere Formen der Rücksichtnahme und des gegenseitigen Verständnisses im Zusammenleben – und eine Religion, die diese Lebensverhältnisse widerspiegelte.

PAULUS ÜBER SICH

Philipper 4,1

Ich kann niedrig sein und kann hoch sein; mir ist alles und jedes vertraut: beides, satt sein und hungern, beides, Überfluss haben und Mangel leiden; ich vermag alles durch den, der mich mächtig macht.

Wir wissen nicht konkret, was Paulus mit diesem Satz zum Ausdruck bringen wollte. Vielleicht nur als literarische Floskel, in Anlehnung an ein Theaterstück von Terenz, das damals jeder halbwegs Gebildete kannte – (Ich bin ein Mensch, nichts Menschliches ist mir fremd- und das ebenfalls sowohl von Cicero und später auch von Seneca zitiert wurde) aber dennoch dürfen wir annehmen, dass diese Aussage das Leben des Paulus durchaus widerspiegelt, der ja, wie wir glauben, in einem Haushalt der Oberschicht groß wurde, ein luxuriöses Leben führte und später dann, nach seinem Bekehrungserlebnis, starke Entbehrungen auf sich nahm. Die Dinge, die er als unerfahrener junger Kommandant einer Einheit sah und tun musste, waren sicherlich traumatisch, und immer wieder in seinen Briefen lässt sich erkennen, daß er von

Schuldgefühlen heimgesucht wurde, die er nicht bewältigen und verarbeiten konnte. Auch und vielleicht vor allem deshalb stand das Thema Gnade und Vergebung und Erlösung so sehr im Vordergrund seiner Theologie.

Mehrfach stellt er sein eigenes Leben und Handeln als vorbildlich und beispielhaft dar und ruft die Gemeinden auf, seinem Beispiel zu folgen, so etwa in

1.Korinther 4,16:

Darum ermahne ich euch: Haltet euch an mein Vorbild!

Oder auch in 1.Korinther 11,1;

Nehmt mich zum Vorbild, wie ich Christus zum Vorbild nehme!

Interessant ist auch 1. Korinther 7, 17 -24, wo er über Sklaventum und Freilassung schreibt und möglicherweise die Lehren aus seinem Leben zieht und seine Erfahrungen weitergeben will:

17) Im Übrigen soll jeder so leben, wie der Herr es ihm zugemessen, wie Gottes Ruf ihn getroffen hat. Das ist meine Weisung für alle Gemeinden. 18) Wenn einer als Beschnittener berufen wurde, soll er beschnitten bleiben. Wenn einer als Unbeschnittener berufen wurde, soll er sich nicht beschneiden lassen. 19) Es kommt nicht darauf an, beschnitten oder unbeschnitten zu sein, sondern darauf, die Gebote Gottes zu halten. 20) Jeder soll in dem Stand bleiben,

in dem ihn der Ruf Gottes getroffen hat. 21) **Wenn du als Sklave berufen wurdest, soll dich das nicht bedrücken; aber wenn du frei werden kannst, mach lieber Gebrauch davon!** 22) Denn wer im Herrn als Sklave berufen wurde, ist Freigelassener des Herrn. Ebenso ist einer, der als Freier berufen wurde, Sklave Christi. 23) Um einen teuren Preis seid ihr erkauft worden. Macht euch nicht zu Sklaven von Menschen! 24) Brüder und Schwestern, jeder soll vor Gott in dem Stand bleiben, in dem ihn der Ruf Gottes getroffen hat.

Besonders Vers 21 drückt unmissverständlich aus, dass es besser sei, frei zu sein von der Pater potestas und den Zwängen der Standesgesellschaft, denn erst die Freilassung bot Möglichkeiten einer gewissen persönlichen Entfaltung, sowohl im privaten wie auch im religiösen Sinne. Gerne wüssten wir mehr über seine Erfahrungen und sein Leben, als wir den kurzen Andeutungen entnehmen können. Einen gewissen Einblick in sein soziales Umfeld gibt uns Römer 16, wo Paulus Leute auflistet, die er persönlich kennt, und es ist auffallend, wie bunt gewürfelt diese Gemeinde in Rom zu sein scheint. Einige bezeichnet er als cognatus, (wörtlich:Mitgeborene), was aber auch die Mitadopierten bedeuten kann, denn sprachlich wurde zwischen Geburt und Adoption nicht unterschieden.

Oder aber sie aus seinem Volk – und es sind allesamt, soweit festgestellt werden kann, keine jüdischen Namen, mit Ausnahme des Namens Herodion, ein Name, der den Palast des Herodes in Jerusalem bezeichnete und schwerlich ein echter Name gewesen sein kann, es sei denn, er wurde als Sklavenname vergeben.

Interessant besonders ein gewisser Rufus und seine Mutter, von der Paulus sagt, sie sei auch seine Mutter, sicherlich nicht die leibliche Mutter, aber als Mater familias durchaus vorstellbar, denn in einer vornehmen römischen Familie gebot die Ehefrau des Patrons über einen vielköpfigen Haushalt.

 Schauen wir uns also den Brief an.

Römer 16,1-15

Ich empfehle euch unsere Schwester Phöbe, die den Dienst an der Gemeinde von Kenchreä versieht, 2 dass ihr sie aufnehmt in dem Herrn, wie sich's ziemt für die Heiligen, und ihr beisteht in jeder Sache, in der sie euch braucht; denn auch sie hat vielen beigestanden, auch mir selbst. 3 **Grüßt die Priska und den Aquila, meine Mitarbeiter in Christus Jesus, 4) die für mein Leben ihren Hals hingehalten haben, denen nicht allein ich danke, sondern alle Gemeinden der Heiden,** 5 und die Gemeinde in ihrem Haus.

Grüßt Epänetus, meinen Lieben, der aus der Provinz Asia der Erstling für Christus ist. ₆ Grüßt Maria, die viel für euch gearbeitet hat .7 Grüßt den Andronikus und die Junia, meine Stammverwandten und Mitgefangenen, die berühmt sind unter den Aposteln und vor mir in Christus gewesen sind. ₈ Grüßt Ampliatus, meinen Lieben im Herrn.Grüßt Urbanus, unsern Mitarbeiter in Christus, und Stachys, meinen Lieben. Grüßt Apelles, den Bewährten in Christus. Grüßt die aus dem Haus des Aristobul.Grüßt Herodion, meinen Stammverwandten. Grüßt die aus dem Haus des Narzissus, die im Herrn sind. ₁₂ Grüßt Tryphäna und Tryphosa, die im Herrn arbeiten. Grüßt meine liebe Persis, die viel gearbeitet hat im Herrn. 13 **Grüßt Rufus, den Auserwählten im Herrn, und seine Mutter, die auch mir eine Mutter geworden ist.** ₁₄ Grüßt Asynkritus, Phlegon, Hermes, Patrobas, Hermas und die Brüder und Schwestern bei ihnen. ₁₅ Grüßt Philologus und Julia, Nereus und seine Schwester und Olympas und alle Heiligen bei ihnen. 16 Grüßt einander mit dem heiligen Kuss! Es grüßen euch alle Gemeinden Christi. 17. Ich ermahne euch aber, Brüder und Schwestern, auf die acht zu geben, die im Widerspruch zu der Lehre, die ihr gelernt habt, Spaltung und Verwirrung verursachen.:Haltet euch von ihnen fern! 18. Denn diese Leute dienen nicht Christus, unserem Herrn, sondern ihrem Bauch und verführen durch ihre schönen und gewandten

Reden das Herz der Arglosen. 19. Doch euer Gehorsam ist allen bekannt: daher freue ich mich über euch und wünsche nur, dass ihr verständig bleibt , offen für das Gute, unzugänglich für das Böse. 20. der Gott des Friedens aber wird den Satan bald zertreten und unter eure Füße legen. Die Gnade Jesu, unseres Herrn, sei mit euch! 21. Es grüßen euch Timotheus, mein Mitarbeiter, und Lucius, Jason und Sosipater, die zu meinem Volk gehören. Ich, Tertius, der Schreiber, grüße euch im Namen des Herrn. 23. Es grüßt euch Gaius, der mich und die ganze Gemeinde gastlich aufgenommen hat. Es grüßt euch der Stadtkämmerer Erastus und der Bruder Quartus.

Bemerkenswert auch eine andere Aussage aus dem Brief an die Philipper, 4, 22:

Es grüßen euch alle Heiligen, besonders aber die
aus dem Haus des Kaisers.

Woher Paulus alle diese Leute kannte, obwohl er doch noch nie in Rom war, ist nicht bekannt - und angesichts der geringen Mobilität der damaligen Gesellschaft zuerst einmal erstaunlich. Lediglich Priska und Aquila sind uns aus dem Korintherbrief bekannt, wo erwähnt wird, das beide durch ein Edikt des Kaisers Claudius aus Rom ausgewiesen worden waren und offenbar wieder zurückkehren konnten. Der Gedanke, dass es sich bei den

Anderen um die Familie des Patrons oder zumindest um einige Mitglieder handelte, ist durchaus naheliegend, da die Familie ja Freie und Unfreie, Diener und Sklaven umfasste.

Ein römischer Senator etwa ließ sich damals auf dem Weg zum Forum von etwa 30 Sklaven und Schutzbefohlenen jeglicher Couleur begleiten – die Zahl der Sklaven und Bediensteten sowie die Größe der Familie sind durchaus als ein Statussymbol zu verstehen. Um eine solche Familie könnte es sich hier gehandelt haben, zumindest in großen Teilen, denn es ist kaum anzunehmen, dass eine Familie komplett den neuen Glauben angenommen hatte. Aber daß Paulus offenbar Leute aus der Familie des Kaisers kannte, zeigt, dass Paulus in gehobenen Verhältnissen und eng an die Imperialmacht angebunden gelebt haben muss. Wenn es stimmt, dass Paulus bei der Abfassung des Briefes an die Römer im Gefängnis saß, so war es sicher kein gewöhnliches Gefängnis, wenn er von dort aus Briefe schreiben durfte und somit wohl auch einen Schreiber bei sich hatte, dem er diktieren konnte. Unwillkürlich, bei den vielen ehemaligen Mitgefangenen, die er aufführt, mag man an die sogenannten maiestas-prozesse denken, die Kaiser Claudius abgeschafft hatte, was vielen Menschen die

Freiheit brachte und Geflohenen und Verbannten die Rückkehr in die Hauptstadt ermöglichte.

Wikipedia zu den maiestas-Prozessen:

In der Kaiserzeit hat Augustus ein Gesetz geschaffen (lex Iulia de maiestate). Es stellte Landesverrat, Hochverrat, schwere Amts- und Dienstvergehen und auch Angriffe auf die Person des Kaisers (princeps) und seiner Angehörigen einschließlich Beleidigung, Drohung und Aufruhr unter Strafe. Was verfolgt wurde, war auch eine Deutungsangelegenheit. Eine Verurteilung konnte zu Geldstrafe und Verbannung oder Hinrichtung führen. Üblich war ein Senatsgericht (die Zuständigkeit in der Rechtsprechung statt der Gerichtshöfe [quastiones] sollte wohl einen Eindruck einer Ausrichtung gegen die Aristokratie vermeiden) unter Vorsitz des Kaisers.

Kaiser Claudius hat zu Beginn seiner Regierung Majestätsprozesse für abgeschafft erklärt. Trotzdem ist es zu Anklagen (die genauen Vorwürfe gehen aus den Quellen nicht sicher bestimmbar hervor) und Verurteilungen gekommen (Einflüsse seiner Freigelassenen und seiner Ehefrauen werden von manchen vermutet). Bei ihm spielte das Kaisergericht (aus einer Vorschlagsliste des Senats wählte der Kaiser eine bestimmte Anzahl an Senatoren aus, daneben wurden weitere Männer von ihm frei hinzugezogen; insgesamt bildeten sie einen Beirat/eine beratende

Versammlung [consilium]) eine wichtige Rolle. Ob bei den Majestätsprozessen in der Zeit von Kaiser Claudius die Verhandlungen vor dem Senatsgericht oder dem Kaisergericht geführt wurden oder ob die Verurteilung allein auf einem Befehl des Kaisers beruhte, geht aus den antiken Quellen nicht immer eindeutig hervor.

Gut möglich also, daß es dieses Edikt des Kaisers war, das Paulus rettete – somit hatte er allen Grund, denen aus dem Haus des Kaisers zu danken.

In seinen Briefen erzählt Paulus nur in spärlichen Andeutungen aus seinem Leben, sodaß wir nicht genau den Grund seines Gefängnisaufenthaltes kennen – aber die begangene Fahnenflucht jedenfalls war Grund genug für einen Hochverratsprozess. Da die Adressaten seiner Briefe ihn ja persönlich kannten und über sein Leben informiert waren, verzichtete Paulus auf nähere Angaben zu seiner Person und seiner Situation.

Die größte zusammenhängende Darstellung seiner Biografie liefert der Galaterbrief, dessen wichtigste biografische Passagen wir uns nun anschauen werden

Der Brief an die Galater

In diesem Brief schildert Paulus bruchstückhaft seinen Werdegang, vermutlich um sein Verhalten als Leitlinie und Vorbild für andere darzulegen. Wir werden diese Angaben Satz für Satz kommentieren, denn sie sind die Hauptquelle für sein Leben und seine Person und bilden somit ein passendes Gerüst zur Erstellung einer wahrscheinlichen Biografie. Wir beginnen mit 1.Galater 12 :

Geht es mir denn um die Zustimmung der Menschen oder geht es mir um Gott? Suche ich etwa Menschen zu gefallen? Wollte ich noch den Menschen gefallen, dann wäre ich kein Knecht Christi.

Er beginnt mit der Motivation für den nachfolgenden Text und erklärt, dass er Gott und nicht mehr den Menschen gefallen wolle – womit er uns indirekt sagt, dass er früher vieles getan hatte, um den Menschen zu gefallen. Und beispielhaft geht es weiter:

Ich erkläre euch, Brüder und Schwestern: Das Evangelium, das ich verkündet habe, stammt nicht von Menschen; ich habe es ja nicht von einem Menschen übernommen oder gelernt, sondern durch eine Offenbarung Jesu Christi empfangen.

Hiermit erklärt er seinen Auftrag und die Unangreifbarkeit seiner Lehre, die er sozusagen im Gesamtpaket bekommen hat, ohne langwierig lernen zu müssen, und somit steht für ihn und die Zuhörer der Wahrheitsgehalt seiner Aussagen unmittelbar fest. Und nun, da er sich als Verkünder von Wahrheiten und Tatsachen dargestellt hat, beginnt er mit der Kurzbeschreibung seines Lebens:

13) Ihr habt doch von meinem früheren Lebenswandel im Judentum gehört und wisst, wie maßlos ich die Kirche Gottes verfolgte und zu vernichten suchte.

Das griechische Wort Ἀναστροφήν, dass die lateinische Bibelübersetzung mit conversatio wiedergibt, ist schwierig zu verstehen und inhaltlich kaum genau zu fassen. Die Übersetzungen reichen von „Lebenswandel" (Einheitsübersetzung) über „früher"(Lutherbibel)` bis hin zu „früherem Verhalten" (Elberfelder Bibel).

Das Lexikon gibt auch „Sinneswandel „als Möglichkeit sowie „Übertritt" an, - das Fremdwort „konvertieren"ist ja auch im deutschen Sprachgebrauch durchaus geläufig. Conversationem in judaismo , wie die lateinische Vulgata übersetzt hat, kann also ohne weiteres „Übertritt ins Judentum" bedeuten.

Wenn man allerdings (Lukas und der Tradition folgend) annimmt, dass Paulus von Geburt an Jude war, wird man eine andere Form der Übersetzung wählen – wir lassen die Möglichkeit „ Übertritt zum Judentum" kommentarlos hier stehen, merken nur an, dass ein Jude, der über seine Fortschritte im Judentum schreibt, uns merkwürdig anmutet. Für einen Proselyten hingegen, der alle 613 Gesetze, die die Tora vorschreibt, vor seinem Übertritt ins Judentum erst mühsam erlernen musste, wäre diese Aussage deutlich logischer.

„ Sine lege vivebam – ich lebte ohne das Gesetz. Als aber das Gesetz kam, wurde die Sünde lebendig."

Um den Menschen zu gefallen und sich als echter Jude zu erweisen, verfolgte er , sicherlich ausgestattet mit einem militärischen Mandat, die ἐκκλησίαν τοῦ θεοῦ , die Gemeinden Gottes.

Maßlos bis hin zur Vernichtung widmete er sich seiner Aufgabe.

Interessant ist, dass er von Gemeinden Gottes und nicht von Gemeinden Christi spricht und offenbar beide als Einheit sieht –vielleicht ein Hinweis darauf, dass die Verehrung Christi zuerst durchaus in den jüdischen Gemeinden erfolgte. Aber das ist eine theologische Frage und nicht das Thema dieser kleinen Schrift.

Galater 1,14:

Im Judentum machte ich größere Fortschritte als die meisten Altersgenossen in meinem Volk und mit dem größten Eifer setzte ich mich für die Überlieferungen meiner Väter ein.

Auch die Völker der Aramäer und verschiedener anderer alter Nomadenvölker beriefen sich auf die drei Stammväter, was bedeutet, dass, wenn von den Vätern in meinem Volk die Rede ist, nicht automatisch das jüdische Volk gemeint sein muss – der Begriff der Gens entspricht nicht unserem enggefassten biologischen Familienbegriff,zumal ja auch die Christusgläubigen sich auf die gleichen Väter beriefen. Wer allerdings direkt als Jude und damit zum von Gott erwählten Volk gehören wollte, hatte sich den religiösen Riten bedingungslos zu unterwerfen und wurde nach bestandener Prüfung getauft und beschnitten. Zu den Besonderheiten des Judentums gehört, das Volk und Religion eine Einheit waren: Man konnte nicht den jüdischen Glauben annehmen, ohne gleichzeitig auch Jude zu werden. Paulus hingegen vertrat vehement die Ansicht, dass jeder, der an Christus glaubte, ein Sohn Abrahams sei und somit die Zugehörigkeit zum erwählten Volk keine ethnische, sondern in erster Linie eine Glaubensfrage war.

Die Altersgenossen in seinem Volk, die das Judentum

erlernten, sind also nicht zwangsläufig Juden, die ja wohl kaum das Judentum erlernen müssten, sondern durchaus auch andere, dem kernjüdischen Volk nahestehende junge Leute, Semiten sicherlich, wobei Aramäer am besten vorstellbar sind, zumal das Aramäische damals die lingua franca war und überall gesprochen und verstanden wurde. Für einen Römer etwa wäre es wohl undenkbar, die Tora zu lesen und zu verstehen. Paulus stürzte sich also mit großem Eifer in die Studien.

Ein typisches Verhalten für Konvertiten, die sich selbst und den Anderen beweisen müssen, wie ernst es ihnen ist mit der Sache, die sie zur Ihrigen erklärt haben, ist der Übereifer, und so geht auch Paulus mit Übereifer an das Erlernen der Basis seiner vermeintlichen neue Identität. Die versprochene Heilserwartung muss ihn sehr fasziniert haben.

Galater 1,15:

Als es aber Gott gefiel, der mich schon im Mutterleib auserwählt und durch seine Gnade berufen hat, dass er seinen Sohn offenbarte in mir, damit ich ihn durchs Evangelium verkündigen sollte unter den Heiden, da besprach ich mich nicht erst mit Fleisch und Blut,...

Hier spricht ein Orientale, der an die Vorbestimmung des Lebens glaubt – nicht ungewöhnlich, und nur in unserer

Zeit, die sich einem aufgeklärten Rationalismus verschrieben hat, wirkt es etwas merkwürdig. Ein Vertrag oder ein Versprechen zur Adoption, dass häufig bereits vor der Geburt schon ausgesprochen wurde, wird hier von Paulus als Plan Gottes ausgegeben, die Gnadenberufung ist sicher identisch mit der Offenbarung, von der er vorher sprach und die er als Auftrag verstand - und er macht etwas für Orientalen Ungeheuerliches – er entzieht sich dem Rat der Familie und trifft eine eigene, da von Christus befohlene, Entscheidung. Nur an dieser Stelle benutzt er die Formulierung Fleisch und Blut, die ein Synonym für die Familie ist, und das bedeutet, dass von nun an für ihn die klassische Versorgung durch die Familie und das soziale Umfeld nicht mehr wichtig ist und er sich von nun an darauf verlässt, dass Christus ihn führen wird.

Galater 1,17:

ging auch nicht hinauf nach Jerusalem zu denen, die vor mir Apostel waren, sondern zog nach Arabien und kehrte wieder zurück nach Damaskus.

Er kehrt wieder zurück nach Damaskus. Wir wissen nicht, was er dort vorher gemacht hat, aber diese Stelle lässt vermuten, dass er ursprünglich aus dieser Gegend kam, zumindest dort gelebt hat. Er muss Familie oder doch zumindest Bekannte dort gehabt haben – vergessen wir

69

nicht, dass er eigenmächtig ein militärisches Mandat abgebrochen hat und sich damit als Fahnenflüchtiger strafbar gemacht hat. (Lukas wird ihn später in der Apostelgeschichte erblinden lassen, um zu vertuschen, dass Paulus aus freien Stücken nach Damaskus ging.) Im Nabatäerreich war er vor Verfolgung sicher und hatte eben dort auch Lebensmöglichkeiten. Er geht also nicht sofort hoch zum Tempelberg (wir hatten bereits erläutert, dass die Bezeichnung Ierosolyma den heiligen Bezirk benannte) zu denen, die seine Vorgänger als Apostel sind, obwohl er sich bereits als Apostel berufen fühlt, sicherlich auf Grund der Offenbarung, die ihm widerfahren war. Für ihn als Fahnenflüchtigen wäre es vermutlich sehr gefährlich gewesen, sich auf diesen Berg zu begeben, wo es vor Militär nur so wimmelte, sicherlich wäre er erkannt worden. Damaskus bot ihm Schutz und Heimat.

Galaterbrief 1, 18:

18) Drei Jahre später ging ich nach Jerusalem hinauf, um Kephas kennenzulernen, und blieb fünfzehn Tage bei ihm.

19) Von den andern Aposteln aber sah ich keinen außer Jakobus, des Herrn Bruder.

Drei Jahre hat er verstreichen lassen, ehe er es wieder wagen konnte, sich Judäa zu nähern. Im Text steht"Ierosolyma", wir wiesen bereits darauf hin, dass der

Tempelberg gemeint war.

Viele , die ihn aus dem Militär kannten, werden inzwischen nicht mehr dort gewesen sein, und die Gefahr war kleiner geworden. Nun bereitet er seine Mission als Apostel vor und will Kephas kennenlernen und um Rat und Hilfe bitten, denn seine Entlassung aus dem Patronatsverhältnis steht unmittelbar bevor. Die Beiden müssen sich gut verstanden haben, denn Paulus bleibt 15 Tage, wie er betont – wobei das traditionelle Gastrecht ja eigentlich nach drei Tagen endet, 15 Tage sind also ungewöhnlich lange. Es mag ihn enttäuscht haben, niemanden der anderen Apostel angetroffen zu haben – sicherlich hat er gewartet während der 15 Tage, um die Berichte der anderen Apostel zu hören, aber niemand außer Jakobus ließ sich sehen.

Von hier an wird der Text schwierig, und seit Jahrhunderten wird gegrübelt und gerechnet. Wir erlauben uns, eine neue Variante, basierend auf der Annahme, dass eine Zeile im Text beim Abschreiben verrutscht ist und an falscher Stelle wieder eingefügt wurde. Vergessen wir nicht, dass die Schreiber in den alten Tagen des Lesens unkundig waren, selbst hochgebildete Leute wie etwa Cicero nicht schreiben konnten.

Wenn also ein Textteil oder ein Satz übersehen wurde,

machte man eine Markierung an die Stelle, wo er hingehörte und schrieb ihn dann in die Abschrift – und die Gefahr, dass ein weiterer Abschreiber den Text an falscher Stelle wieder einfügte, bestand durchgehend. Vergessen wir nicht, das die uns erhaltenen Schriften durch die Jahrhunderte immer wieder abgeschrieben wurden und somit die fehlerquote sowie falsche Berichtigungen, ausgelassene Zeilen, Einschübe, vertauschte Seiten etc. die Texte stark beeinflußt haben.

Was ich euch aber schreibe – siehe, Gott weiß, ich lüge nicht!

21) Danach kam ich in die Länder Syrien und Kilikien. Ich war aber unbekannt von Angesicht den Gemeinden Christi in Judäa. 23) Sie hatten nur gehört: Der uns einst verfolgte, der predigt jetzt den Glauben, den er einst zu zerstören suchte. 24) Und sie priesen Gott um meinetwillen.

Konkret: der Satz 21 ist an dieser Stelle merkwürdig, er zerstört den Kontext, denn Paulus befindet sich in Judäa, geschützt durch die Gemeinden Christi bei Kephas. Und Jerusalem war ein Teil Judäas. Warum sollte er hier erwähnen, dass er nach Syrien und Kilikien ging, um sofort wieder die Gemeinden in Judäa zu und ihr Verhalten ihm gegenüber zu erwähnen?

Fügen wir den Satz 21 an anderer Stelle ein, erhalten wir durch die Auslassung einen sinnvollen problemlosen Kontext:

Was ich euch aber schreibe – siehe, Gott weiß, ich lüge nicht.

22) Ich war aber unbekannt von Angesicht den Gemeinden Christi in Judäa. 23) Sie hatten nur gehört: Der uns einst verfolgte, der predigt jetzt den Glauben, den er einst zu zerstören suchte.

24)Und sie priesen Gott um meinetwillen.

So ergibt der Text , ohne den Satz 21, einen durchgehenden logischen Sinnzusammenhang. Paulus ist in Jerusalem, bleibt einige Tage bei Kephas, um dann nach Syrien und Damaskus zu gehen und später noch einmal zurückzukehren, vermutlich, um die anderen Apostel oder zumindest die, die Ansehen haben, zu treffen. Und zwar nach Ablauf von 14 Jahren – wenn seine Freilassung erfolgt ist, die er erst abwarten muss. Wenn wir nun den nach unserer Ansicht falsch eingefügten Satz folgen lassen, ergibt sich ein logischer Zusammenhang im Text mit Handlungskontinuität.

21)Danach kam ich in die Länder Syrien und Kilikien.

1) Danach, vierzehn Jahre später, zog ich abermals hinauf nach Jerusalem mit Barnabas und nahm auch Titus mit mir.

2) Ich zog aber hinauf auf Grund einer Offenbarung und legte ihnen, besonders denen, die das Ansehen hatten, das Evangelium dar, dass ich predige unter den Heiden, auf das ich nicht vergeblich liefe oder gelaufen wäre.

Eine zweite logische Variante ergibt sich, wenn wir den Satz 21 direkt an Satz 18 anschließen:

... ging auch nicht hinauf nach Jerusalem zu denen, die vor mir Apostel waren, sondern zog nach Arabien und kehrte wieder zurück nach Damaskus. **Danach kam ich in die Länder Syrien und Kilikien.** Danach, drei Jahre später, kam ich hinauf nach Ierusolyma, um Kephas kennenzulernen.

Diese Variante halten wir für die wahrscheinlichste, ohne jedoch eine wirkliche Klarheit behaupten zu können.

Im griechischen Urtext beginnen beide Sätze mit - Ἔπειτα" - hier übersetzt mit „danach". Wie leicht konnte ein Schreiber sich in der Zeile vertan haben, seinen Irrtum bemerken und den fehlenden Satz dazugeschrieben und mit einer Markierung versehen haben, die beim erneuten Abschreiben irgendwann verloren ging? Im Original lauten die Sätze Galater 1,20: τοῦ θεοῦ ὅτι οὐ ψεύδομαι

und ἐσπούδασα αὐτὸ τοῦτο ποιῆσαι

beide Sätze enden mit αι...wie leicht konnte ein Schreiber, des Lesens unkundig, sich vertan haben und falsch ansetzen? Seit Jahrhunderten bemüht sich die Altphilologie, derartige Fehler zu erkennen und zu korrigieren. Ich überlasse diese Arbeit gerne Leuten, die deutlich versierter sind als ich es je sein werde.

Inhaltlich ist es logisch, wenn sich Paulus wieder in Damaskus und in der Arabia felix, dem glücklichen Arabien, aufhielt, dass er von dort aus ins nördlich gelegene Syrien und weiter nach Kilikien ging, wo man ihn vermutlich entweder nicht kannte oder aber ihn gut kannte und er dort Schutz vor Verfolgung hatte.

Fragen wir uns noch , warum der Satz 1,21 geschrieben wurde und was denn so erstaunlich war, dass Paulus es mit den Worten „ Wahrlich, ich lüge nicht !" kommentierte, so springt die Tatsache ins Auge, dass er sich traute, nach Jerusalem zu gehen, obwohl es für ihn doch gefährlich sein könnte – ein Beispiel seines Gottvertrauens vielleicht, oder seines inneren Zwanges, dem er sich ausgesetzt sah und der sein Leben bestimmte. Jedenfalls aber eine erstaunliche und bemerkenswerte Reise nach Jerusalem, denn er war ja, wie wir denken, fahnenflüchtig und wurde somit von der Besatzungsmacht gesucht.

Aber der innere Drang, seine ihm auferlegte Mission zu

erfüllen, muss sehr stark gewesen sein. Und so erklärt sich auch, warum er extra erwähnt, das die Gemeinden dort ihn nicht kannten und er deshalb weder verhaftet noch irgendwelchen Unannehmlichkeiten ausgesetzt war, die er ja wohl nicht nur von Seiten der Römer, sondern auch von Seiten der Christen zu erwarten gehabt hätte.

Zum zweiten Mal geht er nach Jerusalem, nach 14 Jahren, wie er ausdrücklich bemerkt .....

Wir hatten schon angemerkt, dass 14 Jahre die Zeitspanne zwischen dem Anlegen der toga virilis und der Freilassung war, und damit minderte sich die Gefahr beziehungsweise das mögliche Strafmaß für Paulus, denn ein Freigelassener wurde vor Gericht anders behandelt als ein Sklave, und da er nach der Freilassung nicht mehr unmittelbar der pater potestas unterstand, konnte er sich von nun an eher frei bewegen und seine Mission antreten. Wäre er vorher gegangen, wäre er vermutlich ein entlaufener Sklave gewesen – ein Vergehen, das häufig mit Kreuzigung bestraft wurde. Verständlich, dass er vorher noch einmal mit den Autoritäten reden und sein Evangelium vorstellen, überprüfen und absegnen lassen wollte. In den drei Jahren, die er noch warten musste bis zum Ablauf der 14 Jahre, muss er vermutlich bereits gepredigt haben, in Damaskus, in Arabien, in Kilikien und in Syrien. Die Zeitspanne zwischen den Besuchen in Ierusolyma scheint mit diesen drei Jahren gemeint zu sein. Ob er versuchte, sein früheres Leben wieder aufzunehmen oder ob nur die Flucht vor der Obrigkeit ihn ins Reich der Nabatäer trieb, lässt sich nicht feststellen. Aber wenn, wie wir glauben, seine Heimat und seine Familie in der Gegend um Damaskus zu suchen ist, musste er auch dort um seine Freilassung bitten, ehe er losziehen konnte, um zu predigen, wie eine zweite Offenbarung ihm befahl. Allerdings ist es kaum vorstellbar, dass er bereits seit längerem mit Predigt und Missionierung begonnen hätte, ohne einen Konsens mit den Anderen, die vor ihm Apostel waren, die er aber beim ersten Besuch nicht antraf. Der Not gehorchend, hatte er vermutlich bereits begonnen zu predigen, bis die neuerliche Offenbarung ihn nach Jerusalem zurückkehren ließ. Es erscheint logisch, dass er das Treffen mit den anderen Aposteln , wenn auch mit geringerer Wahrscheinlichkeit, baldmöglichst nachholen wollte und somit ein zweiter Besuch in Jerusalem notwendig wurde.

Darüber hinaus halten wir es ebenfalls für möglich, dass Satz 21 später eingeschoben wurde, zu einer Zeit, da Paulus bereits zur legendären Figur geworden war und viele Gemeinden und Regionen stolz auf ihn als

Gründungsvater verwiesen. Da Paulus nirgendwo über Tarsus oder Kilikien spricht, von wo er ja angeblich stammen soll, wurde es norwendig, per Textzuwachs zumindest Kilikien zu erwähnen. Wir fühlen uns außerstande, den Sachverhalt zu klären und können nur verschiedene Lesarten anbieten.

Galater 2, 2 ff.

Ich ging hinauf aufgrund einer Offenbarung, legte der Gemeinde und im Besonderen den Angesehenen das Evangelium vor, das ich unter den Völkern verkünde; ich wollte sicher sein, dass ich nicht ins Leere laufe oder gelaufen bin. 3) Doch nicht einmal mein Begleiter Titus, der Grieche ist, wurde gezwungen, sich beschneiden zu lassen. 4) Denn was die falschen Brüder betrifft, jene Eindringlinge, die sich eingeschlichen hatten, um die Freiheit, die wir in Christus Jesus haben, auszuspähen und uns zu versklaven, 5) so haben wir uns ihnen keinen Augenblick unterworfen und ihnen nicht nachgegeben, damit euch die Wahrheit des Evangeliums erhalten bleibe. 6) Aber auch von denen, die Ansehen genießen - was sie früher waren, kümmert mich nicht, Gott schaut nicht auf die Person - , auch von den Angesehenen wurde mir nichts auferlegt. 7) Im Gegenteil, sie sahen, dass mir das Evangelium für die Unbeschnittenen anvertraut ist wie dem Petrus für die Beschnittenen –

8) denn Gott, der Petrus (Kephas) die Kraft zum

Aposteldienst unter den Beschnittenen gegeben hat, gab sie mir zum Dienst unter den Völkern - und sie erkannten die Gnade, die mir verliehen ist. Deshalb gaben Jakobus, Kephas und Johannes, die als die Säulen Ansehen genießen, mir und Barnabas die Hand zum Zeichen der Gemeinschaft: Wir sollten zu den Heiden gehen, sie zu den Beschnittenen.

Noch scheint der Bruch mit der jüdischen Tradition nicht erfolgt zu sein. Auf dem Tempelberg sind noch immer die, die Ansehen hatten - also vermutlich auch die ehemaligen Hohepriester.

Bis in die Zeit der römischen Herrschaft hatte der Hohepriester sein Amt bis an sein Lebensende inne; das Amt selbst war erblich. Die Römer unterbrachen diese Linie, indem sie den Hohepriester benannten und auch absetzten.mit dem erzwungenen Ende der Amtszeit endete sicher nicht das Wohnrecht in Ierusolyma, sodaß wir durchaus annehmen dürfen, daß es sich bei denen, die das Ansehen hatten, um ehemalige Hohepriester gehandelt haben kann. Paulus aber war es egal, was sie früher waren. Die Gemeinde und die, die ehemals Ansehen hatten – also wohl auch die ehemaligen Hohepriester. Hier tritt uns die Gemeinde noch als relativ geschlossene Einheit gegenüber, die dem neuen Glauben durchaus aufgeschlossen gegenüber stand, denn auf die Beschneidung und die ethnische Zugehörigkeit beim Betreten des Tempels wird nicht mehr bestanden, und auch Paulus, Titus und Barnabas werden voll akzeptiert, Paulus sogar die Hand gereicht als Zeichen der Zugehörigkeit und der Anerkennung, wie er uns voller Stolz berichtet. Es darf vermutet werden, dass er in diesem Moment die Anerkennung und Zugehörigkeit gefunden hat, die er suchte. Man kam überein, dass Paulus unter den Heiden predigen sollte – eine durchaus logische Überlegung, denn Paulus , von dem wir glauben, dass er nicht als Jude geboren wurde, hatte unter den Heiden – oder Griechen im allgemeinen Sprachgebrauch - viel bessere Möglichkeiten, ernst genommen zu werden und sich Gehör zu verschaffen – schon allein wegen seiner Sprachkenntnisse, über die die Juden wohl nur geringfügig verfügten, und vergessen wir nicht, dass es in der Antike und besonders im Orient, entscheidend war und ist, wer etwas sagt und weniger, was gesagt wird.

Später begegneten sich Kephas und einige Brüder noch einmal auf dem sogenannten Apostelkonzil in Antiochia. Dort zeigte sich, dass Kephas und auch Andere zu sehr in jüdischen Traditionen befangen waren und sich kein wirklicher Konsens zwischen den Aposteln finden ließ.

Dort kam es zum Bruch zwischen Paulus und den anderen Aposteln. Mit seiner Ansicht, dass der Glaube an den Erlöser Christus höher zu bewerten ist als alle jüdischen Traditionen, konnte er sich nicht durchsetzen, und Zeit seines Lebens wird er neben seiner Mission auch gegen Judenchristen zu kämpfen haben, die eine andere Form des Evangeliums predigten und immer wieder sein Missfallen erregten. Von Apostelkonzil aus begann Paulus mit wechselnden Mitstreitern unbeirrt mit seiner Mission. Die einzelnen Stationen seiner Reisen lassen sich ganz gut rekonstruieren – das allerdings ist nicht das Thema dieser kleinen Schrift, uns geht es um den Menschen Paulus, um seine Biografie und um das Verständnis eines Menschen, dessen abenteuerlicher Weg ein Weg des Suchens nach Identität und Inhalt war und der Beides in der neuen Religion fand, die zur Erfolgreichsten überhaupt aufsteigen sollte, nicht zuletzt durch sein Wirken und seine Beharrlichkeit. Es mag ihm schwergefallen sein mitunter. Im 1.Korintherbrief 4,10 ff. beschreibt er seinen Alltag als Missionar:

Wir sind Narren um Christi willen, ihr aber seid klug in Christus; wir schwach, ihr aber stark; ihr herrlich, wir aber verachtet.

11Bis auf diese Stunde leiden wir Hunger und Durst, sind

nackt und werden geschlagen und haben keine sichere Stätte 12)und mühen uns ab mit unsrer Hände Arbeit. Schmäht man uns, so segnen wir; verfolgt man uns, so dulden wir's; verlästert man uns, so reden wir freundlich. Wir sind geworden wie der Abschaum der Menschheit, jedermanns Kehricht, bis heute.

Aber es trieb ihm weiter; er hatte eine Mission zu erfüllen, von der er sagt: (1.Korinther 9, 16) :

Ein Zwang liegt auf mir. Weh mir, wenn ich das Evangelium nicht verkünde!

Und so zieht er weiter, wie es scheint, ohne erkennbaren Plan. Nur manchmal schreibt er kurz, wo man ihn in Zukunft erreichen kann. Sicherlich verbrachte er die Wintermonate an den warmen Küsten des Mittelmeeres und nicht im Inneren Anatoliens. Falls er einen Plan verfolgte, so ist dieser nicht zu erkennen, außer dem Sammeln von Spenden für die Brüder in Jerusalem, wohin er gelegentlich gehen muss, um die Spenden zu überbringen, trotz der Gefahr, erkannt zu werden. Er ist gefangen in einer Gedanken- und Gefühlswelt, aus der er keinen Ausweg finden kann.

DER MENSCH PAULUS

In einigen Passagen seiner Briefe erhalten wie einen Einblick in die Persönlichkeit des Paulus, über seine Ängste und seine Hoffnungen. Insbesonders der Römerbrief, der längste und wohl letzte seiner Briefe, gewährt uns Einblicke in sein Seelenleben.

Römer 5, 10:

Denn wenn wir mit Gott versöhnt worden sind durch den Tod seines Sohnes, **als wir noch Feinde waren,** um wieviel mehr werden wir selig werden durch sein Leben, nachdem wir nun versöhnt sind durch sein Leben.

Hier kommt die Gewißheit zum Ausdruck, das die Feindschaft gegenüber Gott beendet sei und nun sozusagen eine neue Zeit anbricht durch die Versöhnung.

An anderer Stelle wird deutlich, welche Seelenqualen Paulus durchsteht und geradezu verzweifelt nach Erlösung schreit:

Römer 7,7 ff:

...Die Sünde erkannte ich nicht außer durch das Gesetz. Denn ich wüßte nichts von der Begierde, wenn das Gesetz nicht gesagt hätte: „Du sollst nicht begehren." 8) die Sünde aber nahm das Gebot zum Anlass und erregte in mir Begierden jeder Art, denn ohne das Gesetz war die Sünde tot. 9) Ich lebte einst ohne Gesetz; als aber das Gebot kam, wurde die Sünde lebendig. 10) ich aber starb und musste erfahren, dass dieses Gebot, das zum Leben führen sollte, mir den Tod brachte. 11) Denn die Sünde nahm das Gebot zum Anlass und betrog mich und tötete mich durch das Gebot. 12) So ist also das Gesetz heilig und das Gebot ist heilig, gerecht und gut. 13) Ist dann, was doch gut ist, mir zum Tod geworden? Keineswegs! Sondern die Sünde, auf das sie als Sünde sichtbar werde, hat mir durch das Gute den Tod gebracht, denn durch das Gebot sollte die Sünde sich in ganzem Ausmaß als Sünde erweisen. 14) Denn wir wissen, das das Gesetz geistig ist; ich aber bin fleischlich, unter die Sünde verkauft. 15) **Denn ich weiß nicht, was ich tue.**

Denn ich tue nicht das, was ich will; Das was ich hasse, das tue ich. Wenn ich aber das tue, was ich nicht will, stimme ich dem Gesetz zu, das es gut ist. 17) So tue ich das nicht mehr selbst, sondern die Sünde, die in mir wohnt. 18) Denn ich weiss, dass in mir, das heißt in meinem Fleisch, nichts Gutes wohnt. **Den Willen habe ich wohl, aber das Gute vollbringen kann ich nicht.** 19) Denn das Gute, das ich will, das tue ich nicht; sondern das Böse, das ich nicht will, das tue ich. 20) **Wenn ich aber tue, was ich nicht will, dann**

bin nicht mehr ich es, der es bewirkt, sondern die in mir wohnende Sünde. 21) ich stelle also bei mir fest: obwohl ich das Gute tun will, ist das Böse vorhanden. 22) Denn in meinem Inneren freue ich mich am Gesetz Gottes. 23) Ich sehe aber ein anderes Gesetz in meinem Körper, das mit dem Gesetz meiner Vernunft im Streit liegt und mich gefangen hält im Gesetz der Sünde, das in meinem Körper herrscht. 24) Ich elender Mensch ! Wer wird mich aus diesem dem Tod verfallenen Körper retten .

Das Gebot (mandatum) treibt ihn um; besser wäre es, wenn wir „mandatum" mit „Befehl" übersetzen würden, denn so empfindet es Paulus, als einen strikten Befehl, und Ungehorsam ist für ihn undenkbar. Geradezu zwanghaft folgt er seiner Berufung. „Weh mir, wenn ich das Evangelium nicht verkünde!" sagt er an anderer Stelle.

Erlösung ist sein Ziel, dem er alles andere unterordnet, die Hoffnung auf Vergebung begleitet ihn. Heutige Psychologen würden ein solches Verhalten als pathetisch einordnen und von posttraumatischer Depression sprechen. Er versuchte, seine Schuld zu schmälern und spricht von der Sünde, die in ihm wohnt und die verantwortlich sei für das, was er tat und noch tut. Nur so kann er dem seelischen Druck standhalten.

Paulus hat hohe Ansprüche an sich selbst – wie er sagt,

starb er, als der Befehl kam. Das dürfte die erste Offenbarung gewesen sein, die er jetzt ein mandatum nennt, die sein Leben radikal veränderte und ihn die Idee der Sünde und die Idee des Gewissens lehrte. Er erkannte, daß das Böse immer in ihm ist und versuchte verzweifelt, einen Ausweg zu finden, - und findet ihn in Christus und der Idee der Vergebung. Gleichzeitig erkennt er, das er etwas tun muss für die Vergebung der Sünden, indem er ein gottesfürchtiges Leben führt und das Evangelium verbreitet .Und so hetzt er scheinbar rastlos durch Kleinasien, ohne ein für uns erkennbares Ziel und mit „einem Stachel im Fleisch", wie er es nennt. Er war aufbrausend, rechthaberisch und schwankend in seiner Gefühlswelt- eine posttraumatische Belastungsstörung wäre das moderne Wort für seinen Zustand. In seinem Brief an Philemon bezeichnet er sich als alter Mann, Resignation ist zu spüren, bisweilen hadert er mit sich selbst, daß er ein so brillianter Briefeschreiber, aber ein schlechter Redner ohne Überzeugungskraft sei. Immer befindet er sich gefangen in einem Dreieck aus Schuld, Sünde und Gebot, das seine Persönlichkeit prägt und nur Christus als Ausweg sieht. Seine Begleiter wechselten häufig- wir kennen nur einige Namen. Vermutlich war Paulus alles andere als ein angenehmer Mensch.

Versuch einer Biografie

Wann und wo genau Paulus das Licht der Welt erblickte,
wissen wir nicht- es muss aber irgendwann um das Jahr 20
n.Chr. Herum gewesen sein. Ebensowenig wissen wir,
wer sein Vater war und ob er Geschwister hatte. Über
seine Mutter äußert er sich nur kurz, lässt uns nur wissen,
das er nicht bei ihr aufwuchs, und bezeichnet es als eine
göttliche Fügung. Eine andere Frau wurde ihm zur Mutter,
woraus wir schließen können, das er in einer der vielen
Formen der römischen Adoption aufwuchs. In jedem
Falle, sei es als Alumni (Pflegekind) oder als direkt
Adoptierter, unterstand er der pater potestas eines
römischen Bürgers, vermutlich der eines höheren
Beamten.

Er erhielt den Gentilnamen seines Adoptivvaters, und wie
es scheint, trug er nur diesen einen Namen, was darauf
hindeutet, dass er rechtlich dem Sklavenstand entstammte.
Möglicherweise hatte er einen Adoptivbruder namens
Rufus, den er später im Römerbrief gesondert grüßen
lässt, zusammen mit dessen Mutter, die auch Paulus zur
Mutter wurde, wie er dort sagt. Er wuchs offenbar behütet

und in Luxus auf, das Griechische, dass die Verkehrssprache der gebildeten Römer im Osten war, wurde ihm zur Muttersprache. Sicherlich sprach er ebenfalls Aramäisch, die lingua franca der Handelswelt im Orient, da er sich sonst später nicht hätte mit den Juden verständigen können, die der römisch-griechischen Kultur feindselig gegenüberstanden und das griechische als Verkehrssprache weitestgehend ablehnten. Vermutlich müssen wir seine Heimat irgendwo im Nabatäerreich suchen, wo das Aramäische Landessprache war. Zur Zeit des Paulus wiedererstarkte das Reich der Nabatäer als Handelsmacht, die die Karawanenwege beherrschte und kontrollierte. Im Alter von 16 Jahren bekam er, wie in römischen Familien üblich, die Toga virilis, galt als Mann und wurde nach römischen Recht geschäftsfähig und somit in die Lage versetzt, seinen Patron in geschäftlichen Dingen zu vertreten, eine Niederlassung zu übernehmen und in seinem Namen Transaktionen vorzunehmen. Wo er sich aufhielt, wissen wir nicht, aber es war nicht in Judäa, denn später wird er sagen, dass er den Gemeinden in Judäa unbekannt war. Eher könnte er das Judentum irgendwo in Galiläa kennengelernt haben, das zwischen Jerusalem und Damaskus lag und das ihn, als Mensch zwischen den Kulturen und verschiedenen Religionen, tief beeindruckt haben muss. Wir müssen uns einen jungen Mann vorstellen, der Luxus und Armut kennengelernt hat. zwei Familien entstammte, die unterschiedlicher kaum sein konnten, und ,alleingestellt in seiner altersbedingten Suche nach Identität, schließlich den jüdischen Monotheismus für sich entdeckte, der ihn faszinierte und der dem orientierungslosen Jüngling Heimat und Geborgenheit versprach. Er beschloß, ein Jude zu werden, alle 613 Toragesetze zu erlernen und sich als echter und aufrichtiger Jude zu beweisen. Mit dem Übereifer, der vielen Konvertiten zu eigen ist, machte er sich an die Arbeit und übertraf seine Altersgenossen in Fleiß und Leidenschaft, machte schnell Fortschritte.

Ob er ein militärisches Amt aus freien Stücken und Überzeugung heraus antrat oder auf Geheiß seines pater familias, lässt sich schwer beurteilen. Die allumfassende Macht des Familienoberhauptes konnte jederzeit einseitig und ohne Konsequenzen für den Patron aufgekündigt werden,weshalb wir sicher sein können, daß zumindest seine Erlaubnis, wenn nicht sogar sein ausdrücklicher Befehl Paulus in Kontakt zum Militär brachte, vermutlich mit dem Ziel, die römische Staatsbürgerschaft zu erwerben. Gleichzeitig bot sich dem jungen Mann so die Gelegenheit, im Sinne der jüdischen Oberschicht zu handeln und die mißliebigen Christen zu verfolgen, deren Verweigerung der Tempeldienste und die Flucht nach Damaskus die Hohepriester in Schwierigkeiten brachte. Paulus, der das Nabatäerreich und Damaskus kannte, war sicherlich prädestiniert für diese Aufgabe.

Wie lange Paulus solche Verfolgungen leitete, können wir nur ahnen, aber vermutlich nicht allzu lange. Im Jahr 37 n.Chr. wurde Damaskus autonom und der Exodus der Christen begann- im Jahr 41 schreibt Paulus bereits seinen ersten Brief als Missionar aus Thessaloniki. Die normale Dienstzeit betrug 2 Jahre, wir wissen allerdings, dass er sie aufgrund einer Offenbarung abbrach und nach Damaskus und Arabien zurückkehrte, und das, ohne seine Familie zu befragen oder um Erlaubnis zu bitten, ein im Orient unerhörter Vorgang, der uns ahnen lässt, wie stark die Offenbarung, von der er spricht, auf ihn gewirkt und sein Leben verändert haben muss. Von nun an ist er wohl ein gesuchter Mann, denn Fahnenflucht wurde streng geahndet und in den sogenannten maiestes-prozessen verhandelt, oft mit der Todesstrafe als Folge, je nach Rang und Einfluss.

Ob sein Patron noch in Arabien war oder, wie für römische Beamte durchaus üblich, Arabien mit unbekanntem Ziel verlassen hatte, wissen wir nicht, aber

Paulus blieb einige Jahre in Arabien, was ohne eine schützende Familie im Orient unmöglich war und noch immer ist. Noch drei Jahre mußte er dort verbringen, ehe er das Alter für die Freilassung erreicht hatte. Was genau er in dieser Zeit gemacht hat, sagt er uns nicht- die Adressaten seiner Briefe mögen es gewußt haben. Nach drei Jahren jedenfalls beschließt er, nach Jerusalem zu gehen und Kephas kennenzulernen, sicherlich auch die anderen Jünger, von denen er aber niemanden antrifft, wie er enttäuscht bemerkt. Was die Beiden besprochen haben, wissen wir nicht. Es mögen lange Tage und Nächte gewesen sein, voller Gespräche und Überlegungen – 15 Tage sind eine lange Zeit, und das Gastrecht im Orient endet gewöhnlich nach drei Tagen. Vielleicht haben sie überlegt, dass Paulus erst um seine Freilassung bitten solle, um freie Hand zu haben für eine Tätigkeit als Missionar – wir wissen es nicht. Möglicherweise ließ er sich in dem neuen Glauben bestärken, und erst eine zweite Offenbarung ließ ihn wiederum nach Ierusolyma gehen, aber diesmal, um sein Dasein als Apostel und Missionar vorzubereiten.

Jedenfalls, nachdem die 14 Jahre zwischen Anlegen der Männertoga und dem Datum zur Freilassung verstrichen sind, ging Paulus wiederum nach Jerusalem. Die Zwischenzeit hatte er vielleicht genutzt, um das Evangelium zu predigen, und nun, da er bereits über Erfahrung in Predigt und Verkündigung verfügte, stellte er sich den Angesehenen vor und brachte bereits andere Christen mit. Er war erstaunt, dass auch Titus, der Nichtjude, den Tempelbezirk betreten durfte – es musste sich etwas geändert haben in Ierusolyma, was sich unserer genauen Kenntnis aber entzieht. Auch hier spricht Paulus wiederum von einer Offenbarung, die ihn bewogen habe, nach Jerusalem zu gehen, und er muss überzeugend

gewesen sein in seinem Auftritt dort bei der Bekämpfung der „falschen Brüder", wie er sie nennt und die Jünger durch die Tat überzeugt haben, das auch ein Nichtjude das Evangelium besitzen und behaupten kann, und jetzt gaben

die Jünger ihm die Hand als Zeichen der Zugehörigkeit. Man einigte sich, das jeder zu seinen angestammten

Leuten geht, die Juden zu den Juden und Paulus mit Begleitung zu den Heiden – eine logische und natürliche Entscheidung. In diesem Moment wohl wurde Paulus zu dem fanatischen Missionar, als den wir ihn aus seinen Briefen kennen, ein Mann, der sein geistiges Zuhause und eine Zugehörigkeit gefunden hatte, die er nicht mehr aufgab.

Von hier an begann er mit seinen Missionsreisen, deren Verlauf wir anhand der Angaben in den Briefen einigermaßen genau rekonstruieren können. Immer wieder berichtet er über Konflikte mit den „falschen Brüdern", die die Gemeinden aufsuchen und versuchen, die Gläubigen zu beeinflussen und zur Umkehr zu bewegen. Aber nirgendwo bleibt er lange, vielleicht aus Furcht vor Entdeckung, vielleicht will er den neuen Gemeinden nicht übermäßig zur Last fallen. Jedenfalls ist er der festen Ansicht, nicht arbeiten zu müssen, sehnt sich aber auch mitunter nach etwas Normalität, nach einer Ehefrau, wie die anderen Apostel sie haben. Immer wieder trifft er sich mit anderen wandernden Missionaren, deren

Namen er uns überliefert und die zum Teil bereits vor ihm unterwegs waren. Sie sammeln Spenden für die

notleidenden Brüder in Jerusalem , unterbrechen ihre Mission, um die Gelder zu überbringen, und brechen von Neuem auf. Von seinen Mitstreitern kennen wir Namen , die er uns überliefert, Titus, Barnabas, auch einige Frauen bezeichnet er (speziell im Römerbrief) mit Namen.

Er muss ein sehr charismatischer Mensch gewesen sein,

kompromisslos in seinen Ansichten und Überzeugungen –
wenn er einen Ort verlassen hatte und sein Charisma nicht
mehr nachwirkte, erschienen die „falschen Brüder", und
immer wieder in seinen Briefen muss er vor ihnen warnen.
Schnell wurde er zum Ratgeber und Organisator für alle
Dinge, die das Gemeindeleben betrafen, darin dem
Beispiel der antiken Philosophen folgend und ihren Platz
einnehmend in der hellenistisch geprägten Welt. Wie es zu
seiner Verhaftung kam, wissen wir nicht. Ob und wieweit
Paulus bei seinen Reisen alte Verbindungen, familiäre
Kontakte etc. benutzte, ist nicht feststellbar, darf aber als
wahrscheinlich gelten. Irgendwann wurde er erkannt und
verhaftet – der Hochverratsprozess ging für ihn glimpflich
aus. Mit dem Älterwerden wird er wohl des Missionierens
überdrüssig,und er beschloß, nach Rom zu gehen, wo
seine Familie und Freunde bereits waren. Ob er dort ein
Erbe antrat, ist nicht belegt, noch nicht mal, ob er
tatsächlich nach Rom gereist ist, darf als gesichert gelten.

Über sein Ende ist keine zuverlässige Quelle zu
finden.Eine Notiz in den Clemensbriefen berichtet, das er
zwei Jahre unbehelligt in Rom lebte und predigte. Das
allerdings ein völlig mittelloser Mann zwei Jahre lang in
Rom, der teuersten Stadt des Reiches, leben und wohnen

konnte, ist höchst unwahrscheinlich.

Schon zu Lebzeiten wurde er zu einer Legende - ein Mann, der ein Luxusleben aufgab, um Christus zu dienen, der gebildet war und Briefe schrieb. Wieviele Missionare mag es gegeben haben, die perfekt griechisch sprachen, gebildet waren, vielleicht sogar mit einer Rhetorenausbildung, wie in vornehmen Kreisen üblich, und die durch ihr Beispiel die neue Religion vorlebten? Vermutlich nur wenige, und die Briefe des Paulus wurden als Muster für gekonnte Rhetorik ebenso gesammelt wie die Briefe und Reden Ciceros, die den Rhetorikschulen als Vorlage dienten. Manchmal wurden schon zu seinen Lebzeiten Briefe in seinem Namen geschrieben, sodaß er sich gezwungen sah, seine Briefe mit einem Zeichen zu versehen, um den Gemeinden ihre Echtheit zu versichern. (Thessaloniker 3,17: Den Gruß schreibe ich, Paulus, eigenhändig. Das ist mein Zeichen in jedem Brief; so schreibe ich.)

Schnell wurde er in Kleinasien zur Legende, um seinen Namen rankten sich Legenden und Erzählungen, Dichtung und Wahrheit mischten sich zu einer faszinierenden, bunten Mixtur. Und irgendwo in Kleinasien, wohl in der Gegend von Ephesos, an der Westküste der heutigen Türkei, gab es Dekaden später einen Mann, den wir

Lukas zu nennen gewohnt sind, der alle diese Geschichten, die er über Paulus hörte, sammelte und zu einer Chronologie zusammenfügte und daraus eine Erzählung schuf, die wir die Apostelgeschichte nennen.

NACHWORT und AUSBLICK

Die Biografie, die hier versucht wurde, folgt der Idee, die Apostelgeschichte, die ja aus späterer Zeit stammt, vollständig zu ignorieren und sich ausschließlich auf die echten Paulusbriefe zu berufen. Das Ergebnis unterscheidet sich doch deutlich von der Apostelgeschichte, und die Frage nach der Motivation des Lukas sollte im Weiteren gestellt werden. Warum wurde Paulus eine andere Biografie zugeschrieben und er mit einem Mann namens Saulus in Verbindung gebracht? Kein Jude hatte einen jüdischen Vornamen und einen römischen Familiennamen – in allen mir zugänglichen Quellen und Inschriften habe ich nicht ein einziges Beispiel finden können, zumindest nicht in der frühen Kaiserzeit. Desweiteren glauben wir, gezeigt zu haben, dass die Textstellen, in denen sich Paulus selbst als Jude mit vornehmem Stammbaum bezeichnet, nachträglich eingefügt wurden. Die merkwürdigen Geschichten, mit denen Lukas die Anwesenheit des Paulus in Damaskus zu relativieren und zu verleugnen sucht, machen stutzig. Und nicht nur Lukas lebte an der Westküste Kleinasiens – auch ein Evangelist, den wir Johannes nennen und der die

Konzeption der Gnade und der Vergebung der Sünden und der Erlösung durch die Liebe verbreitete und bald als der Wahrhaftige galt. Wir können von einer regelrechten Schule sprechen, denn auch die sogenannte Johannesoffenbarung, auch Apokalypse genannt, entstand dort.

Es führt eine direkte Linie über seinen Schüler Polykarp weiter zu dessen Schüler Irenaeus, der durchsetzte, das-analog zum Traum des Propheten Hesekiel- eine noch zu formende Bibel nur vier Evangelien enthalten sollte, deren Viertes das von Johannes sein würde und nicht, wie damals eigentlich allgemein befürwortet, von Philippus. Möglicherweise ist Irenaeus auch dafür verantwortlich, das die Briefe des Paulus mit in das Neue Testament aufgenommen wurden. Diese Linie geht weiter zu Clemens, Bischof von Rom, der angeblich als Kind Paulus noch gehört haben will und in Verdacht steht, grosse Teile des Römerbriefes, besonders die Teile mit Bibelzitaten, verfasst zu haben. Es ist von unserer Seite her zu vermuten, dass die Paulusbriefe im Nachhinein an vielen Stellen verändert und an die neue Theologie rund um Johannes und seinen Nachfolgern angepasst wurden. Es hat den Anschein, als sollte die Kluft zwischen Heidenchristen und Judenchristen überbrückt werden, indem man Paulus auf die jüdische Seite zog und man somit die Spaltung der sich verfestigenden Kirche zu verhindern suchte. Eine Untersuchung zu dieser Thematik soll allerdings nicht das Thema unserer kleinen Schrift sein – unsere Absicht war es, begründete Zweifel an der gängigen Biografie und der Darstellung des Apostels Paulus zu Papier zu bringen und zur Diskussion zu stellen. Wir schlagen vor, Saulus aus Tarsus in das Reich der frommen Legenden einzuordnen.

Bernd Junghans, im Juli 2018

www.kircheninkappadokien.de

LITERATURVERZEICHNIS

Birley, Anthony: Locus virtutibus patefactus,
Opladen 1992

Flavius Josephus: Der jüdische Krieg, München 1980

GEO EPOCHE: Das heilige Land, NR. 45

Kunst, Christiane: Römische Adoption,
Frankfurt 2006

Momigliano, Arnaldo: Hochkulturen im Hellenismus,
 München 1979

Otto, Eckart: Das antike Jerusalem, München 2008

www.bibleserver.de